U0463513

物流系统
仿真实践教程

孙成卫　徐慧卿　王钢　编著

融合
教材

中国水利水电出版社
www.waterpub.com.cn
·北京·

内 容 提 要

本书以 Flexsim2019 中文版为基础,结合多年教学经验和实践应用,将学习内容分为三大部分,共七章。第一部分为概述部分,讲述了物流系统仿真的概念、作用等基本知识;第二部分是教学的重点,借助典型案例和视频资料,循序渐进地详细讲述了运用 Flexsim 进行物流系统仿真的基本知识点,能够使同学们快速具备基本的仿真知识和仿真实践能力;第三部分属于提升部分,通过对实际物流系统的仿真训练,达到具备综合运用仿真技术优化物流系统的能力和素质。

本书适合作为高等学校物流工程专业教学用书,也适合从事物流管理、物流工程相关技术人员借鉴参考。

图书在版编目(CIP)数据

物流系统仿真实践教程 / 孙成卫,徐慧卿,王钢编
著. -- 北京 : 中国水利水电出版社,2024.4
ISBN 978-7-5226-2437-2

Ⅰ. ①物… Ⅱ. ①孙… ②徐… ③王… Ⅲ. ①物流—
系统仿真—高等学校—教材 Ⅳ. ①F252-39

中国国家版本馆CIP数据核字(2024)第082839号

书 名	物流系统仿真实践教程 WULIU XITONG FANGZHEN SHIJIAN JIAOCHENG	
作 者	孙成卫 徐慧卿 王 钢 编著	
出版发行	中国水利水电出版社 (北京市海淀区玉渊潭南路 1 号 D 座　100038) 网址:www.waterpub.com.cn E-mail:sales@mwr.gov.cn 电话:(010)68545888(营销中心)	
经 售	北京科水图书销售有限公司 电话:(010)68545874、63202643 全国各地新华书店和相关出版物销售网点	
排 版	中国水利水电出版社微机排版中心	
印 刷	清淞永业(天津)印刷有限公司	
规 格	184mm×260mm 16 开本 10.75 印张 262 千字	
版 次	2024 年 4 月第 1 版　2024 年 4 月第 1 次印刷	
印 数	0001—1000 册	
定 价	52.00 元	

凡购买我社图书,如有缺页、倒页、脱页的,本社营销中心负责调换

前　言

现代物流系统是一个庞大而复杂的动态网络，涵盖了交通运输、仓储、包装、配送以及信息处理等多个关键环节。为了实现物品在供应链上的高效、低成本和高质量流动，对现代物流系统进行整体优化显得尤为关键。在追求这一目标的过程中，物流系统建模仿真与优化理论成为了备受瞩目的研究领域。同时，物流系统仿真作为物流系统实现新质生产力的一种重要手段，受到了广泛的关注与重视。

在党的二十大精神的指引下，我们认识到"教育、科技、人才是全面建设社会主义现代化国家的基础性、战略性支撑"。在这一背景下，物流系统仿真技术日益成为物流系统工程技术人员的核心技能之一。

本书紧扣时代脉搏，遵循循序渐进的原则，旨在有效培养物流和工业领域的知识型、技能型、创新型人才。书中从技术应用的角度出发，结合丰富的案例，理论联系实际，详细讲解了物流系统仿真的原理与应用。通过实践案例，学生可以锻炼运用物流系统仿真软件综合设计和优化物流系统的能力，从而培养他们将理论知识与实际操作相结合的素质。

全书共分为7章，第1章系统介绍了仿真技术的基础概念、功能及其在物流系统中的应用；第2章通过案例教学方式，详细讲解了Flexsim2019软件的使用技巧，包括建模步骤、参数设置、数据导出、结果分析以及模型优化思路；第3章至第7章则基于项目教学法，系统地探讨了生产物流、仓储、分拣、现代物流配送系统以及自动化立体仓库系统的建模、仿真、分析与优化。为了方便读者学习，书中还提供了案例模型和相关讲解视频作为参考。

本书由山东华宇工学院孙成卫、徐慧卿、王钢编著，山东理工大学史成东教授给予编写指导并审阅全书。在编写过程中，学院领导和同事给予了大力支持，物流工程专业的部分同学也积极参与了模型的建立与验证工作。在此，向所有支持本书编写工作的个人和团体表示衷心的感谢。

由于时间仓促且作者水平有限，书中难免存在不足之处。我们诚挚地邀请读者提出宝贵的批评和建议，以帮助我们不断完善和提高。

作者

2024 年 3 月

目　　录

第1章 概述

导　　读

　　物流系统仿真是评估和优化物流系统整体能力的一种方法和工具。随着计算机技术的快速发展，人们可以利用相关软件在计算机上针对物流系统进行系统建模和仿真，模拟实际物流系统运行状况，统计和分析模拟结果，用以指导实际物流系统的规划设计与运作管理。为深入浅出理解物流系统仿真的概念，本章从系统、模型、仿真的定义开始逐步进行阐述，引导大家认识物流系统仿真的概念、类型和作用。

1.1　系统、模型、仿真

1.1.1　系统

　　研究物流系统仿真离不开对系统、模型、仿真的深度理解。系统作为一个研究对象，半个多世纪以来在国际上引起了很多学者的注意，吸引了众多领域的专家对其进行研究和应用。

1.1.1.1　概念来源

　　"系统"一词来源于古希腊语，是由部分构成整体的意思。人类认识现实世界的过程，是一个不断深化的过程。客观世界中一切事物的发生和发展，都是矛盾的对立和统一，科学的发展也不例外。只有当认识不断深化，在对个体、对局部有了更多、更深的了解以后，再把这些分散的认识联系起来，才能看到事物的整体，以及构成整体的各个部分之间的相互联系，从而形成了科学的系统观。

　　人们对于系统的定义有很多，其中具有代表性的是我国著名系统工程学家钱学森给出的定义：把极其复杂的研究对象称为系统，即由内部相互作用和相互依赖的若干组成部分（称为子系统）结合而成的，具有特定功能的有机整体集合，而这个整体又是它所从属的更大的系统的组成部分。在美国的韦氏（Webster）大辞典中，系统一词被解释为：有组织的或被组织化的整体；结合着整体所形成的各种概念和原理的综合；由有规则的相互作用、相互依存的形式组成的诸要素集合等。在日本的 JIS 标准中，系统被定义为：许多组成要素保持有机的秩序，向同一目的的行动的集合体。一般系统论的创始人 L. V. 贝塔朗菲（L. V. Bertalanffy）把系统定义为相互作用的诸要素的综合体。美国著名学者 R. L. 阿柯夫（R. L. Ackoff）认为：系统是由两个或两个以上相互联系的任何种类的要素所构成的集合。

一般采用如下的定义：系统是具有特定功能的、相互间具有有机联系的许多要素（element）所构成的一个整体。

1.1.1.2 特性

无论什么样的系统，从系统的定义中可以看出其共同拥有的特性。

1. 集合性

系统的集合性表明，系统是由两个或两个以上的可以相互区别的要素或子系统所组成的，而要素是构成系统的最基础部分。例如，一个计算机系统，一般都是由中央处理器（CPU）、存储器、输入与输出设备等硬件组成，同时还包含操作系统、程序设计、数据库等软件，这是一个由要素组合而成的完整系统。又如，物流系统可以由运输系统、装卸搬运系统、仓库系统、配送系统、物流信息管理系统等各子系统组成。

2. 相关性

组成系统的要素是相互联系、相互作用的，相关性说明这些联系之间的特定关系。

3. 层次性

系统层次性是指各要素在系统结构中表现出的多层次状态的特征。系统作为一个相互作用的诸要素的总体，它可以分解为一系列的子系统，并存在一定的层次结构，这是系统空间结构的特定形式。任何系统都具有层次性。一方面，任何系统都不是孤立的，它和周围环境在相互作用下可以按特定关系组成较高一级系统；另一方面，任何一个系统的要素，也可在相互作用下按一定关系成为较低一级的系统，即子系统，而组成子系统的要素本身还可以成为更低一级的系统。任何系统总是处于系统阶梯系列中的一环。在不同的层次结构中存在着动态的信息流和物质流，构成了系统的运动特性，为深入研究系统层次之间的控制与调节功能提供了条件。

4. 整体性

系统是由两个或两个以上的可以相互区别的要素，按照作为系统所应具有的综合整体性构成的，由于系统要素之间的联系与相互作用，使系统作为一个整体具有特定的功能或效能，这是各要素个体所不具备的。系统整体性说明，具有独立功能的系统要素以及要素间的相互关系（相关性、层次性）是根据逻辑统一性的要求，协调地存在于系统整体之中。就是说，任何一个要素不能离开整体去研究，要素间的联系和作用也不能脱离整体的协调去考虑。系统不是各个要素的简单集合，而是一种非加和性的关系，否则它就不会具有作为整体的特定功能。脱离了整体性，要素的机能和要素间的作用便失去了原有的意义，研究任何事物的单独部分不能得出有关整体的结论。系统的构成要素和要素的机能、要素的相互联系要服从系统整体的目的和功能，在整体功能的基础之上展开各要素及其相互之间的活动，这种活动的总和形成了系统整体的有机行为。在一个系统整体中，即使每个要素并不都很完善，但它们可以协调、综合运行成为具有良好功能的系统；反之，即使每个要素都是良好的，但作为整体却不具备某种良好的功能，也就不能称之为完善的系统。

5. 目的性

通常系统都具有某种目的，要到达既定的目的，系统都具有一定的功能，而这正是区别这一系统和其他系统的标志。系统的目的一般用更具体的目标来体现，通常，比较复杂的系统都具有不止一个目标，因此需要一个指标体系来描述系统的目标。为了实现系统的目的，系统必须具有控制、调节和管理的功能，管理的过程也就是系统的有序化过程，使它进入与系统目的相适应的状态。

6. 环境适应性

任何一个系统都存在于一定的物质环境之中，因此，其必然也要与外界环境产生物质的、能量的和信息的交换，外界环境的变化必然会引起系统内部各要素之间的变化。系统必须适应外部环境的变化，否则系统是没有生命力的，而能够经常与外部环境保持最优适应状态的系统，才是理想的系统。

1.1.1.3 分类

1. 离散系统和连续系统

根据系统的变化特性，系统可分为离散系统和连续系统。离散系统是指变量只在某个离散时间点集合上发生变化的系统，连续系统是指状态变量随时间连续改变的系统。实际上很少有系统是完全离散的或完全连续的，但对于大多数系统来说，由于某一类型的变化占据主导地位，就把系统类型归为该类型。

2. 工程系统和非工程系统

根据系统的物理特征，系统可以分为工程系统和非工程系统两大类。工程系统是航空、航天、核能、电气、机械、热工、水力等工程技术相关系统，它们通常是用微分方程描述的连续系统。虽然从原则上来讲这类系统是可以在实际系统上进行试验的，但是利用仿真技术对它们进行分析研究，既可以保证安全，又能节省大量费用。非工程系统是社会、经济、交通、管理、农业、生态环境等系统，它们属于离散系统。这类系统就更离不开仿真技术的帮助，因为这一类系统往往不允许在实际系统上进行试验，如经济系统中一般不允许随意改变销售和供给以避免对市场的冲击。

3. 自然系统和人工系统

根据系统的形成方式不同，系统可分为自然系统和人工系统。自然系统形成的主体是自然界，而人工系统的主体是人类自身对自然界的改造或者是由人类创造的系统。

4. 实体系统和概念系统

根据系统的实体性质不同，系统可分为实体系统和概念系统。实体系统是可见的，而概念系统是不可见的，它需要借助一定的实体才能体现出来，例如虚拟的网络系统。

5. 孤立系统、封闭系统和开放系统

根据系统的开放程度，系统可分为孤立系统、封闭系统和开放系统。孤立系统与环境之间既无物质交换也无能量交换，封闭系统与环境之间仅有能量交换没有物质交换，开放系统与环境之间既有物质交换也有能量交换。

6. 静态系统和动态系统

根据运行性质不同，系统可分为静态系统和动态系统。这种分类方式主要取决于系统是否处于不断变化中。

1.1.2　模型

为了指明系统的主要组成部分以及它们之间的主要关系，以便于人们对其进行深入的分析和研究，往往通过模型来实现对系统的研究。系统模型主要用于 3 个方面：第一，分析和设计实际系统；第二，预测或预报实际系统某些状态的未来发展趋势；第三，对系统实行最优控制。

1.1.2.1　定义

模型是所研究的系统、过程、事物或概念的一种表达形式，也可指根据实验、图样放大或缩小而制作的样品，一般指用于展览、实验或铸造机器零件等用的模子。

系统模型是对实际系统的一种抽象，反映系统内部要素的关系、系统某些方面本质特征，以及内部要素与外界环境的关系，是系统本质的表述，是人们对客观世界反复认识、分析，经过多级转换、整合等过程而形成的最终结果。它具有与系统相似的数学描述形式或物理属性，以各种可用的形式，给出研究系统的信息。

从概念中可以看出系统模型只是模型中的一种，为了简化描述，本书中的模型均指系统模型。

对于模型的理解将从 3 个方面进行：首先，模型必须是对实际系统的一种抽象，它是在一定假设条件下对系统的简化；其次，模型必须包含系统中的主要因素，模型不可能与实际系统一一对应，但至少应当包含那些决定系统本质属性的重要因素；最后，为了进行定量分析，模型中必须反映出各要素之间的逻辑关系和数学关系，使模型对系统具有代表性。仿真模型同样必须符合以上各项要求，并且适合于仿真环境下，通过模仿系统的行为来求解问题。

从某种意义上说，模型是系统的表达形式，同时也是对系统的简化。在简化的同时，模型又应足够详细以便从模型的实验中取得关于实际系统的有效结论。

建模就是建立模型。建立模型的过程又称模型化。凡是用模型描述系统的因果关系或相互关系的过程都属于建模。建模是研究系统的重要手段和前提。

1.1.2.2　特性

由实际系统构造出一个模型的任务主要包括建立模型结构和提供数据 2 个方面的内容。在建立模型结构时，需要确定系统的边界，鉴别系统的实体、属性和活动。模型结构根据数据中包含的活动各个属性之间的关系来确定。建立模型结构要满足两个前提条件：一是要细化模型研究的目的；二是要了解建模目标与系统结构性质之间的关系。

一般来说，模型结构具有以下特性。

（1）相似性。模型与所研究的系统具有相似的特征和变化规律，即实际系统与模型之间具有相似的物理属性或数学描述。

（2）简单性。从实用的观点来看，由于在模型的建立过程中，忽略了一些次要因素和某些非可测变量的影响，因此，实际的模型已是一个被简化了的近似模型，一般来说，在实用的前提下，模型越简单越好。

（3）多面性。对于由许多实体组成的系统来说，由于其研究目的不同，决定了所要收集的与系统有关的信息也不同，因此用来表示系统的模型并不唯一。由于不同的分析者所关心的是系统的不同方面，或者由于同一分析者要了解系统的各种变化关系，对同一个系统可以产生相应于不同层次的多种模型。

1.1.2.3 分类

系统模型按结构形式分为实物模型、图式模型、模拟模型和数学模型。

（1）实物模型。实物模型是现实系统的放大或缩小，它能表明系统的主要特性和各个组成部分之间的关系。如桥梁模型、电视模型、城市模型、建筑模型、风洞实验中的飞机模型等。这种模型的优点是比较形象，便于共同研究问题。它的缺点是不易说明内部要素之间的数量关系，不能揭示所要的内在联系，也不能用于优化。

（2）图式模型。图式模型是用图形、图表、符号等把系统的实际状态加以抽象的表现形式，如网络图（层析顺序、时间与进度等）、物流图（物流量、流向等）。它是在满足约束条件的目标值中选取较好值的一种方法，在选优时只起辅助作用。当维数大于2时，该种模型作图的范围受到限制。其优点是直观、简单；缺点是不易优化，受变量因素数量的限制。

（3）模拟模型。用一种原理上相似，而求解或控制处理容易的系统代替或近似描述另一种系统，前者称为后者的模拟系统。一般有两种类型：一种是可以接受输入进行动态模拟的可控模型，如对机械系统的电路模拟，可用电压模拟机械速度、电流模拟力、电容模拟质量等；另一种是用计算机和程序语言表达的模拟模型，例如物资集散中心站台数设置模拟、组装流水线投料批量的模拟等。通常用计算机模型模拟内部结构不清或复杂的系统是行之有效的。

（4）数学模型。数学模型是指对系统行为的一种数量描述。当把系统及其要素的相互关系用数学表达式、图像、图表等形式抽象地表示出来时，就是数学模型。它一般分为确定型和随机型、连续型和离散型。

1.1.2.4 建模原则

对于同一个实际系统，人们可以根据不同的用途和目的建立不同的模型。所建模型只是实际系统原型的简化，因此既不可能也没必要把实际系统的所有细节都列举出来。一个理想的模型应该既能反映实体的全部重要特性，同时又易于处理，即原则上要满足：

（1）清晰性。一个复杂的系统是由多个子系统构成的，因此对应的系统模型也是由许多子模型构成的。模型之间除了研究目的所必需的信息外，结构要尽可能清晰。

　　(2) 相关性。模型中应该包括系统中与研究目的有关的信息。虽然与研究目的无关的信息包含在系统模型中可能不会有很大害处，但是会增加模型的复杂性，从而使得求解模型时增加额外的工作量，因此应该把与研究目的无关的信息排除在外。

　　(3) 准确性。建立模型时应该考虑所收集的、用以建立模型的信息的准确性，包括确认所应用的原理、理论的正确性和应用范围，以及检验建模过程中针对系统所做假设的正确性。例如在建立工厂设施规划与运输系统模型时，应该将运输工具视为一个三维实体而不能为一个质点。因为其长度和宽度会影响运输通道的布局。

　　(4) 可辨识性。模型结构必须具有可辨识的形式。可辨识性是指系统模型必须有确定的描述和表示方式，而在这种描述方式下与系统性质相关的参数必须有唯一确定的解。若一个模型结构中具有无法估算的参数，则此结构就无实用价值。

　　(5) 集合性。建立模型还需要进一步考虑的一个因素是能够把一些个别实体组成更大实体的程度，即模型的集合性。例如对物流与供应链系统的研究中，除了能够研究每个物流中心的物流细节和规律之外，还可以综合计算多个物流中心构建成一个供应链系统的效能。

1.1.2.5　建模步骤

　　建构模型需要想象力和技巧。这里从方法论的角度总结建模步骤如下：

　　(1) 形成问题。在明确目标、约束条件及外界环境的基础上，规定模型描述哪些方面的属性，预测何种后果。

　　(2) 选定变量。按前述影响因素的分类筛选出适合的变量。

　　(3) 变量关系的确定。定性分析各变量之间的关系及对目标的影响。

　　(4) 确定模型的结构及参数辨识。建立各变量之间的定量关系，主要的工作是选择合适的表达形式，数据来源是该步骤的难点，有时由于数据难以取得，不得不回到步骤 (2)，甚至步骤 (1)。

　　(5) 模型真实性检验。模型构建过程中，可用统计检验的方法和现有统计数字对变量之间的函数关系进行检验。模型构建后，可根据已知的系统行为来检验模型的结果。如用结果解释现实世界尚能令人接受，不致相悖，便要判断其精确程度和模型的应用范围。如精度比期望要低，则需弄清其原因，可能是原先的设定错误或者忽略了不该忽略的因素。

　　经过以上 5 个步骤，模型便可在实际中应用，但与检验过的实际系统情况误差不能太大，应把每次模型应用都当成是对模型的一次检验。有些模型，特别是社会经济系统的模型难以实际检验，另一些模型虽可检验，但检验成本太高或需要特殊条件，这时，个人经验很重要，凭着对原型对象的认识对模型的真实性做出判断。然而，在能够实际试验的场合应力求进行实验。不经过试验的建模过程是不完整的。

1.1.3　仿真

　　仿真就是利用物理或数学模型来模拟实际系统中发生的本质过程。系统仿真为利用人为控制的环境条件，改变某些特定的参数，观察模型的反应，研究真实系统的现象或过程。当前，仿真技术已经成为分析、研究各种复杂系统的重要工具，广泛用于工程领域和非工程领域。

我国仿真技术从无到有，从小到大，从弱到强，从军到民，从一家仿真中心到遍布各行各业，我国的仿真技术已经从型号研制仿真发展到论证、评估、作战使用等全生命周期仿真，从工程技术仿真发展到全方位管理决策支持仿真，从军用仿真技术应用发展到信息化及国民经济领域仿真技术应用。仿真技术已经成为促进各行业高质量发展的重要手段。

1.1.3.1　定义

仿真是对真实过程或系统在整个时间内运行的模仿。利用模型复现实际系统中发生的本质过程，并通过对系统模型的实验来研究存在的或设计中的系统，又称模拟。在研究、分析系统时，对随着时间变化的系统特性，通常是通过一个模型来进行研究。某些情况下，所研究的模型足够简单，可以用数学方法表示并求解，这些解通常由一个或多个成为系统性能测度的数学参数组成。但是许多真实系统是非常复杂的，无法用数学关系、数学方法来求解。这时利用仿真就可以像观察、测试真实系统那样，在仿真模型中得到系统性能随时间变化的情况，从中收集数据，得到系统的性能测度。因此，仿真包括两个过程，即建立模型和对模型进行实验、运行。

1.1.3.2　作用

仿真在描述、设计和分析系统中具有重要作用，具体表现为以下几个方面：

（1）作为解释手段去说明一个系统或问题。对于现有实际运行系统进行实验，往往需要花费大量的人力、物力和时间，有时甚至无法实现，而通过计算机仿真，可以使现有系统不受干扰，经过分析仿真结果，对现有系统做出正确评价，可预测其未来的发展趋势，提出改进方案。

（2）作为设计准绳去综合分析和评价所建议的决策措施。对于所设计的新系统，在未能确定其优劣的情况下，先不必花费大量的投资去建立它，可通过采用计算机仿真，对新系统的可行性和经济效果做出正确的评价。

（3）作为决策支持系统辅助决策。在管理决策中，针对具有不同的决策变量或参数组合的不同决策方案，进行计算机仿真的多次运行，按照既定的目标函数，对不同的决策方案进行分析比较，从中选择最优方案，从而辅助管理决策。

（4）作为预测方法去预报和辅助计划系统的未来发展。

（5）作为分析工具去确定系统的关键组成部分或项目。

1.1.3.3　仿真与解析方法的比较

在系统模型不太复杂的情况下，往往可以运用数学方法，如线性代数、微积分、数学规划等求解问题。但大多数的实际系统比较复杂以至于其模型不可能采用上述解析方法求解。这时，仿真就能发挥其应有的作用。在这种情况下，系统设计与分析人员运用计算机仿真求解系统模型，并收集相应的资料用以评估所研究的系统的各项特征。

（1）仿真与数学解析方法相比，仿真有以下优点：

1）仿真对于复杂系统具有良好的适应性，大多数具有随机因素的复杂系统无法用准确的数学模型表述，而是采用解析方法进行评价，于是仿真就成为解决这类问题的好方法。

2）仿真允许对一段系统工作时间进行压缩，用小段时间仿真出大量时间段的工作情况。

3）仿真不需要打乱真实系统就可以使人们对现有系统在重新设计的工作条件下的工作成果做出分析判断。

4）仿真能帮助人们选择最优的系统设计方案。

（2）与此同时，仿真也存在以下不足：

1）需要花费大量的费用和时间，这是由仿真系统开发的复杂性、仿真所需的计算机存储量大和计算时间长所造成的。

2）由于现实中的复杂性，可能不能对系统完成全部仿真，只能是仿真其中一部分，因此会影响到仿真结果的可信度。

3）仿真受到许多方面因素的影响，精度较难控制和测定。

4）模型的参数设定是非常困难的，难以确定合适的系统仿真初始条件。

系统、模型与仿真三者之间有着密切的关系。系统是研究的对象，模型是系统的抽象，仿真是通过对模型进行实验以达到研究系统的目的。

1.2　物流系统仿真的概念、类型及作用

1.2.1　物流系统的概念

1.2.1.1　定义

物流系统是指在一定的时间和空间里，由所需运转的物资、包装设备、搬运和装卸机械、运输工具、仓储设施、人员以及通信联系等若干相互制约的动态要素所构成的具有特定功能的有机整体。研究物流系统的目的是使公司物流合理化，并将公司生产出来的成品按时、按质、按量、配套齐全、完好无损地迅速运达到消费者手中，实现其空间和时间效益。物流系统是公司生产的一个重要组成部分，物流合理化是提高公司生产率最重要的手段之一。因此，对物流系统的设计和仿真的研究，也日益受到人们的重视。

1.2.1.2　分类

可以按照不同的标准对物流系统进行分类。按物流发生的位置，可划分为公司内部物流系统和公司外部物流系统；按物流运行的性质，可以划分为供应物流系统、生产物流系统、销售物流系统、回收物流系统和废弃物流系统；按物流活动的范围，可以划分为公司物流系统、区域物流系统和国际物流系统；此外，还可以根据物流构成的内容，把物流系统划分为专项物流系统和综合物流系统。

从不同角度对物流系统进行分类划分，可以加深对物流性质、过程的理解和认

识，有利于更好地进行物流系统的规划、设计、运营组织与管理。

1.2.1.3　特性

物流系统是复杂的离散事件系统。离散事件系统是指其状态变量只在某些离散时间点上发生变化的系统。因此，物流系统具有如下特点：

1. 不确定性（随机性）

不确定性存在于物流系统中的每一节点，包括客户需求的不确定性、原材料供需关系的不确定性、采购准备时间的不确定性、运输时间的不确定性、交付时间的不确定性、产品价格的不确定性等。其总是处在一个不确定的环境中，受很多随机因素的影响，具有多目标、多因素、多层次的特点。

2. 非线性

非线性是指个体以及它们的属性在发生变化时，并非遵从简单的线性关系。组成物流系统的各个实体间的相互影响不是简单的、被动的、单向的因果关系，每个实体的行为和决策又依赖其自身的状态和一些有限的、相关的其他实体的行为，且它们易受内部和外部环境的影响。物流系统的各个实体主动改变自己的内部或外部结构，以适应环境的变化，从而呈现出物流系统的非线性。

3. 复杂性

物流系统是由若干个供应商、制造商、配送中心、销售商和终端客户组成的系统。它包含供应商和制造商的选择、配送中心的选址、运输方式（如空运、陆运、铁运、水运或混合运输）的选择和运输路线（选择由哪个配送中心送货）的确定。其复杂性主要体现在贯穿于物流系统中的不确定及各实体要素间的非线性关系。

4. 适应性

物流系统各个实体为了适应市场环境的变化，与周围环境和其他实体间不断进行交互作用。在这种持续不断交互作用的过程中，实体不断学习，积累经验，并根据学到的经验改变自身的结构和行为方式，寻找合适的实体组成物流系统以适应环境的变化，从而促成供需过程不断重新组合改造。

5. 多样性

由于物流系统各实体要素间处于不断相互作用和适应的过程，造成了实体向不同的方面发展变化，从而形成了物流系统实体类型的多样性。

综上所述，物流系统具有系统的所有特征。由于物流系统的层次性及各子系统的相互联系和相互作用，因此物流系统是一个动态的、开放的复杂系统。

1.2.2　物流系统仿真的概念

系统仿真可以被理解为对一个已经存在或尚不存在的系统进行研究的过程，为了解系统的内在特性，必须进行一定的实验，而由于一些原因（如未存在、危险性大或者成本高昂），无法在原系统上直接进行实验，只能设法建立既能反映系统特征又能满足系统实验要求的系统模型，然后在该模型上进行实验，以达到了解或设计系统的目的。

因此，系统仿真就是根据系统分析的目的，在分析系统各要素性质及其相互关系的基础上，建立能描述系统结构或行为过程且具有一定逻辑关系或数量关系的仿真模型，据此进行试验或定量分析，以获得正确决策所需的各种信息。

　　从近现代意义上讲，所谓系统仿真，是指利用计算机来运行仿真模型，模仿实际系统的运行状态及其随时间的变化情况，并通过对仿真过程的观察和统计，得到仿真模型的输出参数和基本特征，以此来估计和推断实际系统的真实性能。物流系统仿真是从系统仿真的基础上发展出来的一个分支。

　　所谓物流系统的仿真是指针对现实物流系统建立仿真模型，然后在模型上进行试验，用模型代替真实系统，从而研究物流系统性能的方法。通过仿真，可以一一仿效实际物流系统的各种动态活动并把系统动态过程的瞬间状态记录下来，最终得到用户所关心的系统统计性能。

　　由于物流系统自身的不完善或运作过程的不合理，一些物流系统设计上缺乏前瞻性和系统规划，在物流资源的配置、物流网络的结构等方面，很难保证其可靠性、合理性、协调性和最优化。在实际系统中常常包含有较多随机的因素，如物流系统中商务的到达、运输车辆的到达和运输事件等一般都是随机的。对于这些复杂的随机系统很难找到相应的解析式来描述和求解，系统仿真技术成了解决这类问题的有效方法。物流系统运作的成败事关重大，而仿真方法是完善、改进物流系统的一个很好的方法，可以节省费用，减少浪费，消除物流环节中的瓶颈。

1.2.3　物流系统仿真的类型

　　从技术与管理的角度出发，系统仿真在物流领域的应用主要有以下几种类型。

　　1. 物流系统规划与设计

　　仿真多用于供应链设计、评价和优化，用来处理链中的不确定因素与动态性，有能力找出供应链各个成员之间的最优解决方案。在系统没有运行之前，把规划转化为仿真模型，通过运行模型，评价规划或设计方案的优劣并修改方案，仿真能够辅助决策者或策划者的决策活动，这是仿真经常用到的一方面。这样不仅可以避免不合理的设计和投资，而且也减少了投资风险和避免了人力、时间等的浪费。

　　2. 物流运输调度

　　复杂的物流系统经常包含若干运输、多种运输路线，连接供应链上游与下游是供应链运作过程中至关重要的一个环节，而运输调度与路线选择一直是物流系统的难点，其中包含了很多复杂的非确定性问题。在解决调度问题、规划运输路线时，多使用启发式算法、不完全优化算法和遗传算法等，但在评价这些算法得到的策略哪个更有效、更合理时，遇到的问题更多。因运输调度是物流系统最复杂、动态变化最大的一部分，有许多不确定因素，很难用解析法描述运输的全过程。使用仿真建立运输系统模型，动态运行此模型，再结合图形可将运行状态、物料供应情况、配货情况、道路堵塞情况、配送路径等生动地呈现出来。仿真还提供了各种数据，包括车辆运输时间与效率、不同策略之间的比较、不同路径的比较等。

3. 物流成本估算

物流系统运作是一个复杂的系统，其中存在许多不确定因素。系统的总成本中包括运输成本、库存成本、订货成本和生产成本等。成本核算与所花费的时间有关。物流系统仿真是对物流整个过程的模拟。进程中每一个操作的时间，通过仿真推进被记录下来。因此，人们可以通过仿真，统计物流时间的花费，进而计算出物流的成本。

4. 库存控制

库存系统是供应链管理中的重要环节，起到缓冲、调节和平衡的作用。供应链上各节点公司库存水平的高低一方面影响产品的成本，另一方面影响客户服务水平和公司对市场波动的适应能力。公司运作时库存处理的好坏直接影响公司的效益，也决定了公司的竞争力。现实库存系统多数属于复杂的离散事件系统，具有诸多不确定因素，且各部分之间的关系复杂。公司在确定安全库存量、采购订货方式时遇到了很大的困难，直接表现为没有适应的库存策略、库存积压与库存短缺并存等问题。随机性库存系统中有很多不确定的随机参数，解析方法的应用具有很大的局限性，很难采用数学规划或启发式算法进行准确分析。常用离散系统仿真技术对库存系统全局或局部变量进行分析和优化，例如库存系统规划、库存成本分析、库存控制策略分析等。

1.2.4 物流系统仿真的作用

利用计算机模型进行实验，可以在短时间、低成本下运行，而且不会中止或破坏现行系统。现实系统与仿真模型对比如图1.1所示，从成本、时间及业务连续性三个方面进行展示。

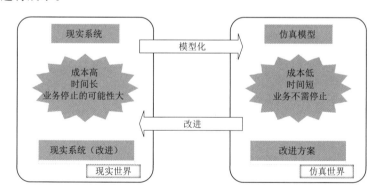

图 1.1 现实系统与仿真模型对比

物流系统仿真的作用具体表现为：

1. 引进新设备时的事先评价问题以及人员、设备的配置问题。例如：

（1）需引进何种设备？

（2）需引进多大功率的设备？

（3）引进设备后的场地规划和人员怎样配置才能合理？

（4）引进设备后瓶颈能否缓解或清除？其他地方是否成为新的瓶颈？

2. 场地布局的评价问题；工厂、仓库的规划设计；工厂、仓库的容量/库存问题。例如：

（1）需要扩建多大面积的仓库？

（2）如何合理地配置新建配送中心的设备和人员？

（3）已经有两套以上的方案，但不知怎样才能比较这些方案？

3. 作业工程计划的改善问题；几乎所有涉及时间、空间和效率的关系问题。

（1）已有定性的认识，如何才能进行定量分析？

（2）如何在定量分析的基础上进行改进、评估？

（3）作业方式选择哪些定量标准？

本　章　小　结

本章首先较为详细地阐述了系统、模型、仿真概念及三者的关系，系统是研究的对象，模型是系统的抽象，仿真则像一座桥梁，通过对模型的实验来研究系统。然后由系统、模型、仿真进一步拓展至系统仿真的介绍。最后，在此基础上阐述了物流系统仿真的概念、类型及作用。

思　考　与　习　题

1. 什么是系统？系统有什么特性？

2. 什么是模型？系统模型有什么特性？

3. 什么是仿真？仿真有什么作用？

4. 简述仿真方法与解析方法的区别？

5. 仿真的优缺点有哪些？

6. 什么是物流系统仿真？

7. 物流系统仿真的类型有哪些？

8. 物流系统仿真的作用有哪些？

第 2 章　Flexsim 建模与仿真基础知识

导　　读

　　Flexsim 2019 是物流系统仿真的一个重要工具。物流系统大多是离散的、复杂的大系统，受多约束、多因素的影响，传统方法、工具无法对物流系统进行快速、有效的求解，而 Flexsim 2019 在解决这些问题时则有其独到的优势和特点。为了能够系统地学习 Flexsim 2019，本章结合典型案例对物流系统仿真中最为常用的固定类资源实体、任务执行类实体、仪表的创建、仿真数据的导出等知识点进行了详细讲解。本章旨在通过带领大家对这些知识点的学习，为研究较复杂、具体的物流系统仿真打下坚实基础。

2.1　Flexsim 简 介

2.1.1　Flexsim 软件介绍

　　Flexsim 创建了一个基于 Windows 系统的，面向对象的 3D 专业仿真环境，用于建立离散事件流程过程，像制造业、物料处理和业务流程等，这些全都配以相似度极高的三维虚拟现实环境。Flexsim 是工程师、管理者和决策人对提出的关于操作、流程、动态系统的方案进行试验、评估、视觉化的工具。其在图形环境中集成了 C++IDE 和编译器，具有直观、易懂、柔性建模的特点。该软件能方便地实现虚拟现实，适用于对物流、制造等离散系统进行建模、仿真和优化。

　　Flexsim 应用深层开发对象，这些对象代表着一定的活动和排序过程。要应用模板里的某个对象，只需要用鼠标把该对象从实体库里拖出来放在模型视窗即可。每一个对象都有坐标、速度、旋转以及一个动态行为（时间）。

　　实体对象可以创建和删除，而且可以彼此嵌套移动，其都有自己的功能，或继承来自其他对象的功能。这些对象的参数可以把任何制造业、物料处理和业务流程快速、轻易、高效地描述出来。并且 Flexsim 的资料、图像和结果都可以与其他软件公用。它可以从 Excel 读取资料，也可输出资料到 Excel（或任何 ODBC Database），可以从生产线上读取现时资料以作分析功能。Flexsim 允许用户建立自己的实体对象（Objects）来满足用户自己的要求。

Flexsim 还是一款强大的分析工具，可以帮助工程师和规划人员在系统的设计和操作过程中做出明智的决策。使用 Flexsim 可以创建真实系统的 3D 计算机模型，然后使用比分析现实系统更短的时间和花费更少的成本对现实系统进行研究。

　　作为一款预先规划的分析工具，Flexsim 可以提供给用户不同方案的大量信息反馈。通过 Flexsim 逼真的图形动画和绩效报告，可以在短时间内发现并解决问题。在现实中实施或者在现实中执行操作政策之前，使用 Flexsim 模拟的系统，对其进行测试，将会避免新系统实施初期发生的很多风险。之前通过几个月甚至几年才能摸索出来的经验和优化方式，现在使用 Flexsim 仿真系统，只需要几天和几个小时就能获得。

　　Flexsim 2019 是一款汉化的 3D 仿真软件，应用行业广泛，可用于对制造、物料搬运、医疗保健、仓储、采矿、物流等系统进行建模、模拟、预测和可视化等。本书建模时所用软件为 Flexsim 2019 版软件。

2.1.2　Flexsim 应用特点及范围

2.1.2.1　Flexsim 应用特点

　　Flexsim 仿真技术具有如下应用特点：

　　(1) 提高设备利用率，减少排队长度和等待时间。

　　(2) 有效分配资源，处理缺货问题，使得故障带来的负面影响最小化，使废料和次品带来的负面影响最小化。

　　(3) 评估多个投资方案，决定产品的吞吐时间。

　　(4) 研究关于降低成品库存的方案，建立最优化的批量和产品的放置规则，解决物料处理的问题。

　　(5) 研究预置时间和工具切换会产生的影响，优化产品和服务的先占策略和分配逻辑。

　　(6) 对操作员进行整体的系统行为和作业绩效进行培训。

　　(7) 进行日常的计划安排和操作决策。

2.1.2.2　Flexsim 应用范围

　　Flexsim 作为一款应用很广泛的建模仿真工具，可用于模拟不同领域的不同系统。Flexsim 已成功应用在不同规模公司的内部管理。Flexsim 不但已经成功用于系统的设计研究，还成功用于基于日常作业的系统管理以及用于培训教育。一个 Flexsim 模型可以提供给用户复杂系统的前瞻性和真实系统的动态性。其不仅可以帮助管理层和操作人员了解系统是如何运行的，还可以评估工序修改会对系统产生什么影响。用户经常使用 Flexsim 创建交互式模型，即在模型运行的过程中，对其进行控制，从而展示系统管理中的因果关系。

　　总括地讲，Flexsim 可以解决以下 3 个方面的基本问题。

　　(1) 服务业——以尽可能低的成本和高的满意度为客户办理业务。

　　(2) 生产业——以尽可能低的成本在正确的时间生产正确的产品。

（3）物流业——以尽可能低的成本把正确的产品运输到正确的地方。

2.1.3 Flexsim 模型的基本组成及相关概念

运用 Flexsim 建立物流仿真模型时，首先启动桌面上的 Flexsim。然后选择合适的用于计量物流系统时间和长度的计量单位。确定后进入 Flexsim 建模的主窗口。

从技术的角度讲，Flexsim 属于离散型仿真软件，系统会在特定时间点触发事件使得系统状态会发生变化。事件是指用户的动作或者触发某项事情的行为，比如客户订单的到达、产品的移动和机器发生故障等。系统状态是描述系统工作状况的一系列指标，如 idle（闲置）、busy（忙碌）、blocked（堵塞）等状态。离散仿真模型中加工的实体称为临时实体，临时实体经常是物理产品，也可以是客户、绘图、任务、电话呼叫、电子信息等。这些临时实体通过一系列的加工、排队和运输工序的过程称之为加工流程，加工过程中的每一步都会涉及一个或多个资源，如一台设备、一条传送带、一个操作员、一台运输设备或其他类型的工具。有些资源为静态的，有些是移动的。有些资源只能执行一种特定的任务，有些则可以执行多种任务。

2.1.3.1 Flexsim 建模主窗口

Flexsim 软件建模的主窗口由以菜单栏、工具栏、运行控制栏、实体库、建模区五部分构成，Flexsim 软件主窗口如图 2.1 所示。

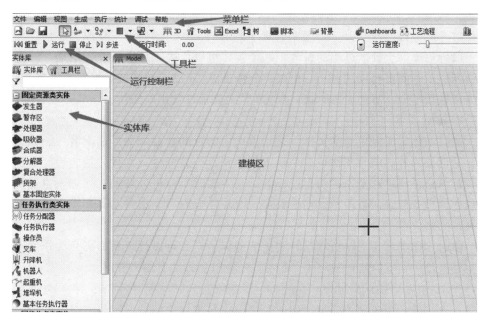

图 2.1 Flexsim 软件主窗口图

2.1.3.2 Flexsim 模型基本组成

Flexsim 模型基本组成如图 2.2 所示。

Flexsim 建模主界面组成

Flexsim 简介

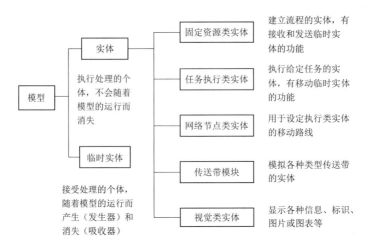

图 2.2　Flexsim 模型基本组成

2.1.3.3　Flexsim 仿真的相关概念

1. 实体

实全是指组成模型的基本模块，具有行为继承性、支持自定义属性、变量和可视化等特性。Flexsim 实体用来模拟仿真中不同类型的资源，包括固定资源类实体、任务执行类实体、网络节点类实体、传送带模块、视觉类实体等。

例如，暂存区属于固定资源类实体，其扮演储存和缓冲区的角色。暂存区可以代表一队人，CPU 上一个空闲过程的队列，工厂中地面上的一个储存区或客户服务中心的一队等待的呼叫等。处理器也属于典型的 Flexsim 的固定资源类实体，其模拟一段延迟或一个处理过程的时间。这个实体可以代表工厂中的一台机器、一个正在给客户服务的银行出纳员、一个邮政分拣员等。Flexsim 实体放在对象库栅格中。对栅格进行了分组管理，Flexsim 实体库默认显示最常用的实体。

2. 临时实体

临时实体是流经模型的实体，是从模型中穿过的物品，如产品、客户、纸质文件、电话处理等。临时实体可以表示工件、托盘、装配件、文件、集装箱、电话呼叫、订单或任何可移动通过仿真过程的对象。临时实体可以被加工处理，也可以由物料处理设备传输通过模型。在 Flexsim 中，发生器产生临时实体，在流经模型之后被送到吸收器中。

临时实体类型是一个放在临时实体上的标志，其可以代表条形码号、产品类型或工件号等。在临时实体寻径中，Flexsim 使用实体类型作为引用。

3. A 连接、S 连接

A 连接通常用于同类实体之间或网络节点与实体之间以及网络节点之间的一种连接。A 连接具有方向性，反映临时实体在具有上下游关系的实体之间的运动关系；或反映信息在同类实体之间的传递关系。连接时要在英文输入法下进行。具体操作方法是：按住键盘上“A”键的同时，按住鼠标左键点击上游实体并拖曳鼠标至下游实体，或用鼠标左键点击上游实体，再点击下游实体，即可建立两实体之间的 A 连接。

S 连接通常是指不同类实体之间的一种连接。S 连接没有方向性，反映实体之间的调用关系。连接时也要在英文输入法下进行。具体操作方法是：按住键盘上"S"键的同时，按住鼠标左键点击一个实体并拖曳鼠标至另一个实体，或用鼠标左键点击一个实体，再点击另一个实体，即可建立两实体之间的 S 连接。

4. 端口

端口是反映实体对外关系的一个衔接口。每个 Flexsim 实体的端口数没有限制，通过端口它们可以与其他的实体通信。端口有输入端口、输出端口和中间端口3 种类型。

输入端口和输出端口用于设置临时实体的路径。例如一个邮件分拣员依靠包裹上的目的地把包裹分放到几个不同的传送带上面。为了在 Flexsim 中进行仿真，将理器实体上的输出端口连接到几个传送带实体的输入端口，这意味着当一个处理器（邮件分拣员）完成临时实体（包裹）的处理后，就通过它的一个输出端口将其发送到一个特定的传送带上。

中间端口用来建立从一个实体到另一个实体的调用。中间端口的一个惯常用法是引用任务执行类实体，如从设备、暂存区或传送带等调用操作员、叉车或者起重机。

端口的建立和连接是通过 A 连接、S 连接来完成的。在第一个实体上建立输出端口，在另一个实体上建立输入端口，这样两个新端口就通过 A 连接连接起来。中间端口则通过 S 连接建立和连接。拖曳鼠标并同时按下"Q"键可以删除输入输出的端口和 A 连接，按下"W"键可以删除中间端口和 S 连接。连接和断开两种端口连接的键盘字母见表 2.1。

表 2.1 实 体 间 的 基 本 连 接

状 态	输入—输出	中 间
连接	A	S
断开	Q	W

5. 模型视图

Flexsim 创建的 3D 建模环境。建模时默认的模型视图叫作正投影视图，也可以在一个更真实的透视视图中查看模型。尽管透视视图表达得更真实，但是通常在正投影视图中更容易建立模型布局。当然，任一视图都可以用来建立和运行模型。Flexsim 允许根据需要打开多个视图视窗。但是，当打开多个视窗时会增加对计算机资源的需求。

6. Flexsim 模型

Flexsim 模型是由排队、加工和运输等因素组成的一种系统。由 Flexsim 实体组成，是现实系统的抽象化显示，只需要对有助于解决问题的那部分系统进行模拟。

7. 排队

排队是上游的到达速率超过下游的加工速率时自然出现的一种现象。

8. 加工

加工是在被加工的临时实体上强制执行的延迟时间。

9. 运输

运输是将临时实体从一个实体移动至另外一个实体的过程。

2.2　基　本　操　作

2.2.1　Flexsim 的安装

2.2.1.1　版本介绍

根据 Flexsim 系统仿真软件是否具有网络功能，分为单机版和网络版。

单机版软件安装在一台计算机上，激活后不受地域、时间和网络的限制。如个人电脑上安装了单机版之后，教师可以在家里或者办公室备课，学生可以在任何地方建立不超过 30 个模型实体数的简单仿真模型。

网络版则需要在服务器上安装服务器端系统，且在个人电脑或学生机上再安装单机版，通过输入网址选择网络、连接到安装了服务器端系统的服务器上并激活，即可实现网络版功能。在联网的情况下可多人在同一局域网内同时使用。实现网络版功能后，除了模型不再受 30 个建模实体的限制外，还增加了一些其他功能。

2.2.1.2　配置要求

配置要求如下：

（1）硬件要求。安装 Flexsim 2019 时需要支持 64 位字长处理器。

（2）软件环境。操作系统为 Windows2000/XP/Vista/Windows7 及以上版本系统，编译系统为 Microsoft VC＋＋.NET 2005/2008。FlexsimChinese 2019 版要求 Windows7 及以上操作系统。

2.2.1.3　安装步骤

安装步骤如下：

（1）选中可执行文件 FlexsimChinese＿19.1.0＿installer（64 位）.exe。

（2）单击右键，选择"以管理员身份运行"。

（3）通常出现安装初始选择界面，如图 2.3 所示。选中"I accept the terms of the License Agreement"前的复选框，表示接受许可安装协议条款，点击"install"进行安装。

如果出现"uninstall"，说明此电脑已经安装过该软件。如需要重新安装，则要选择"uninstall"进行卸载，出现"close"后点击"确定"。安装过程中会出现进度条显示安装进程。当出现黑色的 DOS 界面后将出现安装完毕界面。点击"close"关闭即可。安装过程应保持联网，程序会自动搜索安装所需插件。

Flexsim
安装教程

Flexsim
安装学习

图 2.3　安装初始选择界面

2.2.1.4　启动及连接服务器

1. Flexsim 启动

双击 Flexsim 图标，进入 Flexsim 系统，点击"New model"，选择"计量单位"，点击"确定"，进入主界面，即可操作实体和工具栏进行建模。

2. 服务器的连接

点击"帮助"菜单下的"许可证激活"，在弹出的许可证激活属性界面中，选中"License 服务器"界面，选中"使用 concurrent license"，在"License 服务器地址"中输入服务器的地址，其余选项选择默认，点击"应用配置"即可。连接成功之后，用于教学的 Flexsim 软件系统会出现只用于教育的英文背景。

2.2.1.5　问题及解决方案

1. 无法安装或启动

由于病毒防护软件会将 Flexsim 安装系统误认为病毒，安装时可以暂时关闭病毒防护软件，安装完毕后再重新启动病毒防护软件。安装完毕但无法启动时，则需要将 Flexsim 加入到病毒防护软件的白名单中即可。

2. 启动后闪退

部分电脑由于设置的原因，安装完毕后无法正常启动，启动时出现闪退问题，此时按以下步骤操作：

（1）断开计算机网络连接。

（2）重新启动 Flexsim 软件。

（3）在 Flexsim 菜单栏中，找到文件→全局设置→动态内容选项卡，取消勾选所有复选框，然后单击"OK"（确定）按钮关闭窗口。

（4）重新启动 Flexsim。

2.2.2　创建实体

双击桌面上的 Flexsim 图标，启动 Flexsim 进入建模区后，就可以创建物流模型中所需要的实体了。

对于模型中用量较少的模型实体，按住鼠标左键在实体库中拖曳所需要的实体到建模区中合适位置即可。如整个模型中只有一个发生器和一个吸收器时可采取此种拖曳方法。而对于模型多次用到同一个实体时，就要采用复制的方法，即用鼠标左键点击实体库中的所需实体，鼠标就会呈现复选状态，此时用鼠标左键在建模区每点击一次，就会在建模区创建一个该种实体，可以很方便地创建多个相同实体。而取消此复制功能，需要用鼠标右键在建模空白区点击一下，看到鼠标形状恢复正常状态时，说明成功取消了复制功能。如在一个模型中用到 3 个处理器时，就用鼠标左键点击实体库中的处理器，鼠标变成复制状态，然后，在建模区的合适位置用鼠标左键依次点击 3 次，就会在建模区生成 3 个处理器。

2.2.3　创建连接

A（J）连接、S（K）连接。A（J）连接、S（K）连接是仿真软件 Flexsim

2019 中常用的两种连接方式。

2.2.3.1　A 连接的创建和断开

A 连接用于除中心端口之外的所有其他的连接，代表商品的流向和同类实体间的信息传递。

创建 A 连接：在英文输入法的状态下，按住键盘上"A"键的同时，再按住鼠标左键不放，从上游一个实体拖动鼠标到下游一个实体后松开；或按住"A"键的同时，用鼠标左键点击一个实体，再点击另一个实体。通常 A 连接是连接一个实体的输出端口到另一实体的输入端口，具有方向性，即根据物流的情况，将实体从上游连接到下游，确保临时实体从上游流向下游。而对于网络节点的连接，虽然使用 A 连接，但 A 连接不具有方向性。例如，将网络节点连接到任务执行器，或连接到固定资源类实体上以及作为移动路径的其他网络节点上。

断开 A 连接："Q"键来断开两个实体的 A 连接。在英文输入法的状态下，按住键盘上"Q"键的同时，按照 A 连接的方向，用鼠标左键点击按住上游实体，拖动到另一个相连接的下游实体上释放鼠标按钮，或用鼠标左键点击上游的一个实体，再点击下游的另一个实体，即可断开两个实体之间的 A 连接。

如果用 A 连接连接两个实体时没有看见任何变化，应该去查看视图设定中有没有隐藏连接。如果仍没有变化，则可能是这些实体不支持 A 键连接。

2.2.3.2　创建 S 连接和断开 S 连接

S 连接是用来连接两个实体中间端口的连接。中间端口的连接是为了达到引导或传递信息的目的而采用的连接，通过参数设置可对其进行引用。Flexsim 基本操作示意图如图 2.4 所示。

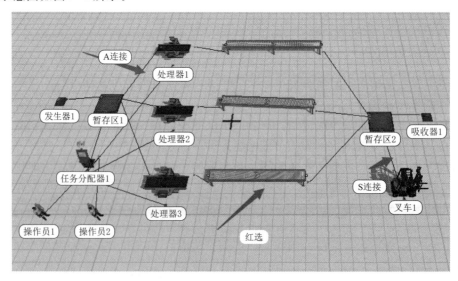

图 2.4　Flexsim 基本操作示意图

创建 S 连接：在英文输入法的状态下，按下"S"键的同时，点击一个实体，再点击另一个实体。或按住鼠标左键不放，拖动到另一个实体上，然后释放鼠标按钮。如习惯使用左手，也可用"K"键。

断开 S 连接："W"键用来断开两个实体的中间端口连接。在英文输入法的状态下，按下"W"键的同时点击一个实体，再点击另一个实体，或按下"W"键的同时按住鼠标左键不放，将连接线从一个实体拖动到另一个实体，然后释放鼠标按钮，即可断开两个实体之间的 S 连接。

如习惯使用左手，"J"键可代替"A"键，"K"键可代替"S"键进行连接；"U"键可代替"Q"键，"I"键可代替"W"键断开连接。

2.2.3.3　操作技巧

1. 红选

（1）框选：用"Shift＋鼠标左键"，选择多个连续的实体。

（2）点选：用"Ctrl＋鼠标左键"，可以任意选择多个相邻或不相邻的实体。

通过红选，可以快速同时连接多个红选实体，其实际连接顺序根据各实体从实体库中拖出的先后顺序进行排序。

2. 取消红选

按住"Shift＋鼠标左键"，点击建模区任意空白处可取消红选。

3. 批量建模

当多次使用同一个实体建模时，为了快速建模，用鼠标左键点击实体库中的某个实体，然后在建模区空白处点击鼠标左键，每点击一次鼠标左键，就在建模区产生一个所选实体，可快速在建模区产生多个相同实体，相当于多次重复拖曳同一实体。

4. 取消批量建模

用鼠标右键单击建模任意空白区可取消批量建模。

5. 复制

用鼠标左键选中模型中的实体，按下"Ctrl＋C"键，表示选中实体已复制到粘贴板上，然后用鼠标左键点击在建模区选中需要放置建模实体的位置，再按下"Ctrl＋V"键，即可在该处产生一个相同的建模实体。用该方法也可快速在建模区产生多个建模实体。但用该方法产生的建模实体编号往往是不连续的，如建模区只有一个暂存区 1，用"Ctrl＋C""Ctrl＋V"对其进行复制粘贴时，复制的第一个暂存区的名称为暂存区 4，而不是在暂存区 1 的基础上复制粘贴产生暂存区 2。

2.3　基本物流系统建模仿真

以某公司生产线为例，第一工序按 3 分钟的时间间隔均匀的生产类型为 1、2、3 的 3 种半成品并统一存放到半成品存放处 1。这些半成品被两名操作员分别送到第二工序各自专用处理器上进行加工，每种半成品加工时间服从均值为 10 分钟、标准差为 2 分钟的正态分布，加工处理完后的产品由各自的传送带以 50 米/分钟的速度分别运往本工序的 3 个存放处区，按要求送到第三工序的打包机上进行装盘打包。打包机将托盘作为容器，装盘打包时间服从均值为 5 分钟、标准差为 0.3 的正态分布。打包后的产品被一辆能装载 2 个托盘的叉车根据下一工序的需求运往下一工序。已知客户要求把产品装到托盘上，托盘中每种产品的数量均为 2 个，每盘预置时间为 1 分钟，装盘打包时间服从均值 2 分钟、标准差为 0.2 分钟的正态分布。

　　建立该生产线基本生产物流模型，模拟该系统运行 10 天的生产情况，创建仪表反映该生产线的运行状况，导出运行数据并做简要分析。

2.3.1　模型布局及连接

2.3.1.1　计量单位设置

　　双击桌面上的 Flexsim 图标，进入 Flexsim 初始界面，如图 2.5 所示，点击工具栏上的新建图标、初始界面中的 "New Model" 图标、文件菜单中的 "新建" 菜单或直接按快捷组合键 "Ctrl+N"，均可快速进入物流模型计量单位选择界面，如图 2.6 所示。选择分钟和米分别作为时间和长度计量单位，其他计量单位可采用默认值，点击 "确定"，即可进入建模状态。

图 2.5　Flexsim 初始界面

　　如果系统启动后不显示图 2.6 所示的模型计量单位选择界面，而是直接进入建模界面，那么可通过点击文件菜单下的 "全局设置" 进入全局设置界面。选择 "环境" 设置选项卡，选中 "新建模型时显示单位设定窗口" 前的复选框，如图 2.7 所示。点击 "应用" 或 "确定" 后，再新建模型时就能够显示模型计量单位选择界面了。

图 2.6　模型计量单位选择界面

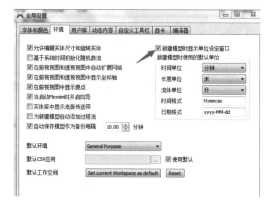

图 2.7　显示模型计量单位设置界面

2.3.1.2 模型计量单位修改

如果已经建立好的模型需要修改计量单位的话，需要在树结构中修改（试用版无法使用）。如将时间计量单位由小时改为分钟。

首先连接服务器。点击主菜单中帮助下的"许可证激活"，弹出许可证激活界面。选择"License 服务器"选项卡，选中"使用 concurrent license"，代表允许使用并发许可证，在"License 服务器地址"中正确输入装有许可证的服务器网址，服务器许可证激活界面如图 2.8 所示。再点击"应用配置"，即可激活 Flexsim 正式版功能。正式版本中会增加很多功能，如正式版建模实体不再受 30 个的限制。其次，点击视图菜单下的模型树或工具栏中的"树"，弹出树结构，点击"Time"（时间）文件夹，会弹出"Time"节点下的"Name"（名称）、"Abbreviation"（缩写）、"Multiple"（倍数）、"Plural"（复数）等选项，如图 2.9 所示。对相应项进行计量单位的修改，将"Name"项改为"minute"，将"Multiple"（倍数）改为 60，是指分钟与秒的倍数。

图 2.8　服务器许可证激活界面　　　　图 2.9　计量单位修改界面

2.3.1.3 模型布局及实体命名

1. 模型布局分析

通过上述对物流系统的分析，模型布局时需要用到发生器、暂存区、处理器、传送带、合成器、任务分配器、操作员、叉车、吸收器等建模实体，案例模型实体及其功能见表 2.2。

表 2.2　　　　　　　　　　　案例模型实体及其功能表

实体名称	数量/个	作　用
发生器	2	产生临时实体。一个物流系统模型至少有一个发生器。本模型中发生器 1 产生模拟半成品的盒子，发生器 2 产生模拟容器的托盘
暂存区	5	用于短时间存放在模型运行中出现的临时实体
处理器	3	对模型运行中的临时实体具有延时的作用。模拟现实中的加工设备、服务台等设施设备
传送带	3	模拟现实中的各种传送带，具有传递临时实体的作用
合成器	1	将两种或两种以上的临时实体按要求合并在一起

续表

实体名称	数量/个	作　　用
任务分配器	1	根据连接的固定资源类实体中的信息，按指定的分配策略确定操作员的工作模式
操作员	2	按照任务分配器设置的工作模式将临时实体搬运至下游实体中
叉车	1	将暂存区 5 中的临时实体搬运至吸收器
吸收器	1	吸收模型运行中产生的临时实体。一个物流系统模型至少有一个吸收器，该模型才能长时间正常运行

2. 模型实体创建

对于数量较少的建模实体，如发生器、任务分配器、合成器、叉车、吸收器等，可以按住鼠标左键依次将其从实体库中拖出。而对数量较多的建模实体，如暂存区、处理器等，可以用鼠标左键点击实体库中的实体，然后依次点击建模区合适的位置，就可以快速创建多个该建模实体。创建传送带时则需要先用鼠标左键点击实体库中的传送带，然后在建模区点击放置该传送带的起始位置，再点击传送带结束的位置，即可创建传送带实体。当传送带的长度或其他实体的大小不符合要求时，可通过右侧的快捷属性中实体的坐标数进行调节。

由于暂存区 1 中的临时实体运往各处理器时需要两名操作员，为了协调两名操作员的工作，在暂存区 1 与两名操作员之间放置一个任务分配器，通过任务分配器设置两名操作员的工作模式。

3. 重新命名

为了更好地理解模型，对部分建模实体需要重新命名，通常有两种方法。方法一是双击"发生器 1"，在弹出的"发生器 1"的属性界面中，将原名称"发生器 1"修改为"产出半成品"。同样方法，可将"发生器 2"修改为"托盘发生器"。方法二是选中要修改名称的建模实体，如图 2.10 所示。首先选中"发生器 2"，然后在建模区左侧的快捷属性栏的常规属性中，将"发生器 2"直接修改为"托盘发生器"。

2.3.1.4　模型实体连接

建模实体代表着现实物流系统中的设施、设备和人员，他们之间存在着一定的有机联系，在模型中这种关系通过连接来模拟。该模型中存在着两种连接，即 A 连接和 S 连接。A 连接用于同类实体之间的连接，具有一定的连接顺序，代表着临时实体的流向。S 连接用于不同类实体之间的连接，代表着信息传递和调用关系。由于传送带模块是从固定资源类实体中分离出来的，因此其连接规律视同固定资源类实体。

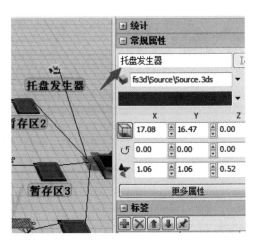

图 2.10　通过快捷属性栏重新命名实体名称

1. A 连接

（1）方法一。在英文输入法下，按住键盘上的"A"键的同时，依次点击要连接的上下游同类建模实体即可创建 A 连接。例如按住键盘上的"A"键的同时，用鼠标左键点击产出半成品（发生器 1），再点击半成品存放处（暂存区 1），即可创建产出半成品（发生器 1）到半成品存放处（暂存区 1）之间的 A 连接。表示半成品（临时实体）从产出半成品（发生器 1）流向半成品存放处（暂存区 1）。

（2）方法二。在英文输入法下，按住键盘上的"A"键的同时，点击要连接的上游建模实体，按住鼠标左键，拖曳至下游建模实体，当建模实体变为黄色时松开鼠标左键，即可创建完成两个实体之间的 A 连接。将光标放在建模实体上，建模实体显示黄色时，点击鼠标左键即可选中该实体。

2. S 连接

由于半成品存放处（暂存区 1）与任务分配器 1 属于不同类实体，因此用 S 连接。在英文输入法下，按住键盘上的"S"键的同时，点击半成品存放处（暂存区 1）和任务分配器 1，由于 S 连接无先后顺序，因此先点击半成品存放处（暂存区 1），再点击任务分配器 1，与先点击任务分配器 1，再点击半成品存放处（暂存区 1）效果相同。

3. 快速连接

对于一个建模实体与多个建模实体进行相同的连接时，按住键盘上的"Shift"键或"Ctrl"键进行红选，选中要连接的一方建模实体，连接时则选中的建模实体会同时与另一个建模实体建立连接。例如按住键盘上的"Shift"键的同时，用鼠标左键将暂存区 2、暂存区 3、暂存区 4 框选起来，此时暂存区 2、暂存区 3、暂存区 4 显示红色，再按住键盘上"A"键的同时，用鼠标先点击暂存区 2、暂存区 3、暂存区 4 中的任意一个，再点击合成器 1，即可完成暂存区 2、暂存区 3、暂存区 4 与合成器 1 的 A 连接。虽然连接时表现为同时连接到合成器 1，实际上连接时仍存在着先后顺序，次序与暂存区 2、暂存区 3、暂存区 4 在建模区创建的顺序有关。同样道理，半成品存放处（暂存区 1）与 3 个处理器也应该用快速连接的方法进行连接。当要红选的建模实体不靠近，无法用"Shift"键进行框选时，可用"Ctrl"键进行点击选择。模型布局及连接如图 2.11 所示。

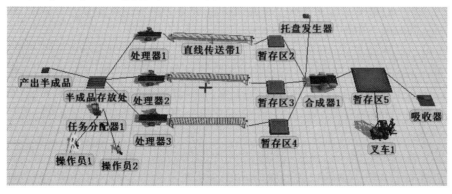

图 2.11　模型布局及连接图

2.3.2　发生器及暂存区的参数设置

2.3.2.1　发生器 1 参数设置

1. 临时实体到达方式、种类及时间间隔

双击"产出半成品"实体（发生器 1），弹出发生器 1 属性界面，选择默认的发生器选项卡，单击"到达方式"编辑框右侧的下拉菜单，在弹出的菜单中选择"到达时间间隔"；点击发生器选项卡中的"临时实体种类"编辑框右侧的下拉菜单，在弹出的菜单中选择"Box"（盒子）代表产品种类；在"到达时间间隔"编辑框中直接输入"3"，代表到达时间间隔为 3 分钟，点击"应用"，如图 2.12 所示。

2. 临时实体的类型和颜色

点击发生器 1 属性界面中的"触发器"选项卡，点击该选项卡中的"+"，在弹出的菜单中选择"On Exit"，出现"On Exit"编辑框，再点击编辑框右侧的"+"，在弹出的菜单中选择"数据设置""设置临时实体类型和颜色"，如图 2.13 所示。发生器 1 将会产生类型分别为 1、2、3，颜色分别为默认的红、绿、蓝的三种类型和颜色的临时实体。

图 2.12　发生器 1 属性界面

图 2.13　临时实体类型和颜色设置

3. 命令及函数的解释

On Exit 命令代表在发生器 1 产生的临时实体离开发生器时才定义临时实体的类型和颜色。与此功能相近的是 On Creation 命令，则表示发生器产生临时实体时就定义了临时实体的类型和颜色。

duniform（1，3，getstream（current））函数功能是产生一个 1～3 的离散均匀分布，getstream（current）代表采用当前库中默认的随机数。即发生器均匀的产生 3 类型的临时实体，具体首先产生那种类型的临时实体则采用系统当前默认值。

4. 发生器参数设置扩展

发生器临时实体的达到方式选择到达时间间隔时，表示发生器产生的临时实体到达时间上具有一定的时间间隔。当批量采购不同货物时，不同数量的货物会在不同的时间点到达，这种情况下货物的到达方式可以选择到达时间表。在随之出现的时间表中选择货物到达的时间点和到达货物数量等。此种情况下，在发生器 1 的"触发器"选项卡中，利用 On Creation 命令选择"数据设置"中的"设置临时实体类型和颜色"，在弹出的设置界面中选择"rownumber"，表示发生器将根据到达时间表中表明临时实体到达时间和数量的数据产生临时实体，并根据行的顺序数定义临时实体的类型。根据到达时间表设置临时实体的系列参数如图 2.14 所示。

2.3.2.2 托盘发生器参数设置

托盘作为一种常用包装物，也是一种临时实体。双击打开"托盘发生器"，在"托盘发生器"属性界面中选择"发生器"选项卡，"临时实体种类"选择"Pallet"，在"到达时间间隔"编辑框输入"0"。功能是产生的临时实体种类为托盘，以便于与模拟产品、种类为盒子的临时实体在外观上做区别。产生托盘的时间间隔为"0"，功能是随时产生需要的临时实体托盘，以免影响合成器的工作效率。托盘发生器参数设置如图 2.15 所示。

图 2.14 根据到达时间表设置临时实体的系列参数　　图 2.15 托盘发生器参数设置

2.3.2.3 暂存区 1 参数设置

1. 运用 Case 语句设置临时实体运行路径

双击"半成品存放处"（暂存区 1），打开半成品存放处的属性界面。选择"常规"选项卡，点击"端口"处的"输入端口""中间端口""输出端口"，可以看到输入端口有 1 个，连接到产出半成品的发生器 1 上。中间端口有 1 个，连接到任务分配器 1 上。输出端口有 3 个，如图 2.16 所示，分别连接到处理器 1、处理器 2、处理器 3 上。因此，临时实体离开暂存区 1 时可以有 3 个输出端口进行选择。如果根据临时实体的类型将临时实体分别发送到各自的加工设备上，就要对其发送至端口进行设置。

在弹出的暂存区 1 的属性界面中选择"临时实体流"选项卡。再单击"发送至端口"编辑框右侧的下拉菜单，在弹出的菜单中选中"根据返回值选择输出端口"，随之弹出 Case 设置窗口，连续点击 3 次"＋"，出现 3 个 Case 设置语句。此时为默认端口值为"1"，表示类型为 1、2、3 的临时实体都要送至端口 1。而端口 1 与处理器 1 相连接，也就是 3 种类型的临时实体都要送到处理器 1 进行加工。这不符合生产工艺要求，实际生产中需要根据临时实体的不同类型设置不同的端口。将 Case1、Case2、Case3 后面的 Port1、Port1、Port1 改为 Port1、Port2、Port3。表示如果临时实体的类型为 1，临时实体被发送到端口 1；如果临时实体的类型为 2，临时实体被发送到端口 2；如果临时实体的类型为 3，临时实体被发送到端口 3，Case 函数设置如图 2.17 所示。

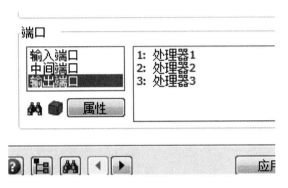

图 2.16　暂存区 1 的输出端口

图 2.17　Case 函数设置

2. 运用全局表设置临时实体运行路径

（1）全局表含义。全局表首先是一个表，在 Flexsim 运行期间均能发挥作用，可被多个实体调用。全局表在设置临时实体运行路径和打包合成工艺配比方面具有重要作用。

（2）创建全局表。打开"视图"菜单，选择"工具箱"，在模型左侧出现工具栏的选项卡。点击"＋"按钮出现下拉菜单，在出现的下拉菜单中选择"全局表"，就会创建一个名称为"GlobalTable1"的全局表。

（3）修改全局表。选中全局表"GlobalTable1"，在其右侧的快捷属性中将全局表的行数修改为"3"，列数修改为"1"，该全局表就变成了一个 3 行 1 列的全局表。全局表的行数对应临时实体的类型，列数对应临时实体的输出端口号。将"1""2""3"分别输入到全局表 Col1 列的 1、2、3 行中。表示类型为 1、2、3 的临时实体将分别发送到端口 1、端口 2、端口 3，如图 2.18 所示。

图 2.18　修改全局表

（4）关联全局表。打开"暂存区 1"的属性界面，在"临时实体流"选项卡的"发送至端口"下拉菜单中选择"查询全局表"，在弹出的全局表设置框中。通过点击全局表编辑框右侧的下拉菜单，选择用新创建的全局表"GlobalTable1"替换默认的表"Table"。行编辑框中内容为"item.Type"，含义为临时实体的类型；列值为"1"，表示临时实体的类型采用全局表第 1 列的数据，如图 2.19 所示。

3. 使用运输工具的设置

由于半成品存放处（暂存区 1）的半成品（临时实体）需要通过两名操作员运往各自的处理器，因此在"临时实体流"选项卡中选中"使用运输工具"复选框，以便调用叉车运送临时实体。

双击"任务分配器 1"，打开"任务分配器 1"属性框。在分配策略中有"第一个可用""循环模式"等多种分配策略。其中"第一个可用"为默认分配策略，表

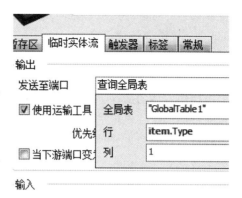

图 2.19　关联全局表

示只要连接任务分配器端口 1 的叉车可用时就用该叉车，只有在该叉车不可用时采用另一辆叉车。"循环模式"表示与任务分配器连接的各辆叉车循环工作，各辆叉车的工作量基本相同。

2.3.2.4　暂存区 5 参数设置

暂存区 5 中的临时实体只需要用一辆叉车将其搬运离开，因此不需要任务分配器。双击"暂存区 5"，打开其属性界面，选中"临时实体流"选项卡中"使用运输工具"复选框，即可实现调用叉车搬运临时实体的功能。

双击"叉车 1"，打开"叉车 1"属性界面，在"叉车"选项卡中，将容量由默认的"1"改为"2"，表示叉车一次可以搬运两盘产品。

其他暂存区采用默认设置。

2.3.3　处理器及传送带的参数设置

2.3.3.1　处理器参数设置

处理器主要是模拟对临时实体的加工处理，表示临时实体在该节点的延时。双

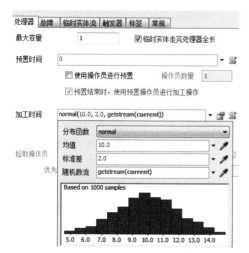

图 2.20　设置服从正态分布的加工时间

击"处理器 1"打开其属性界面，在属性界面中点击"加工时间"编辑框右侧的下拉菜单，在弹出的菜单中选择"normal"，弹出正态分布 normal 的设置界面，将均值设置为"10.0"，标准差设置为"2.0"，设置服从正态分布的加工时间如图 2.20 所示。

设置完处理器 1 的参数后，点击"处理器 1"属性界面下的前进按钮，可进入对处理器 2 的参数设置。对处理器 2、处理器 3 的设置与处理器 1 相同。

如果上游临时实体送到加工处理器正式加工前，需要花费一定的时间调整

处理器及传送带的参数设置

传送带的设置

工位或工艺，可以通过预置时间编辑框设置该部分时间。

2.3.3.2   传送带参数设置

1. 传送带速度

双击"直线传送带 1"，打开其属性界面，发现传送带的属性界面与发生器、暂存区等建模实体的属性界面相比，需要设置的参数较少。点击"传送带类型属性"编辑框右侧的"编辑传送带类型属性"按钮，会弹出设置出传送带速度、加速度界面，将传送带的速度修改为"50.00"，如图 2.21 所示。其他传送带的速度也会相应的变为 50.00m/min。

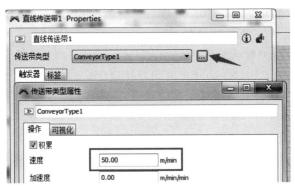

图 2.21   传送带速度的设置

2. 新版传送带的特点

传送带是进行物流系统建模时常用的实体。在 Flexsim2019 版中，传送带的操作不同于其他实体：一方面，可以像其他模型实体一样，可以直接拖曳到建模区，在建模区创建传送带后，用鼠标左键点击选中传送带，就可以看到传送带两端各有一个红色"十"字，如图 2.22 所示，将鼠标移至红色"十"字上，按住鼠标左键

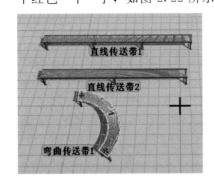

图 2.22   新版传送带图

移动，就可以将传送带增长、缩短或改变传送带的位置；另一方面，由于传送带往往需要不同的长度，也可以用鼠标左键点击实体库传送带模块中的传送带，此时鼠标呈现传送带样式，在建模区空白处单击鼠标左键，此为传送带起始位置，再拖动鼠标至传送带结束的位置点击鼠标左键，就生成了具有一定长度的传送带实体，也可以在此基础上进行修改。而弯曲传送带弯曲弧度的大小可用鼠标左键按住传送带上的红色"十"字，通过调整弧度的大小来调整弯曲传送带的弯曲度。另外，传送带具有方向性，用鼠标左键点击选中传送带之后，就可以看到传送带中有黄色的方向箭头，表明物理模型中的临时实体是按箭头指定的方向经过传送带从一个位置传送到另一个位置。

传送带的名称是可以显示的。从实体库中拖出传送带无论是直线传送带还是弯曲传送带，其默认状况是不带名称的，虽然在选中传送带后可以通过查看快捷属性

中的实体名称找到该传送带的名称，但给理解及学习模型带来不便。此时，可选中
传送带后单击鼠标右键，在弹出的菜单中选择编辑，紧接着弹出编辑菜单，在编辑
菜单中选中显示名称，即可显示所设置传送带的名称（图 2.22）。直线传送带的名
称就显示直线传送带的下方，而弯曲传送带的名称往往与传送带的半径有关，距离
弯曲传送带较远。

传送带的方向是可以改变的。传送带的默认
方向是创建传送带时由开始到结束的方向，如果
由于模型布局的原因需要改变传送带的方向时，
不必重新创建传送带，只需选中要改变方向的传
送带，然后点击右边的快捷属性窗口中"Reverse
Direction"（相反的方向）按钮，如图 2.23 所示，
传送带中的黄色箭头就会指向相反方向。

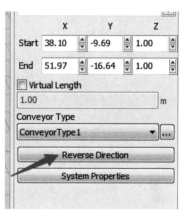

图 2.23　传送带运行方向设置

3. 兼容性设置

在实际使用过程中，很多案例都是基于老版
本开发的，其参数设置方便，尤其是传送带实体
设置，使用者习惯于使用老版本 Flexsim。新版
Flexsim 通过修改设置可以显示并兼容老版本。

点击"文件"菜单，弹出"全局设置"界面。在弹出的"全局设置"界面中选择
"环境"选项卡，在环境选项卡中选中"实体库中显示老版传送带"选项前的复选框，
全局设置界面如图 2.24 所示，点击"确定"按钮，退出"全局设置"。此时会看到在
"固定资源类实体"的下方出现"传送带""分拣传送带""基本传送带"3 个固定实
体。从这里可以看出，新版传送带模块中的传送带是从固定资源类实体中分离出去
的，这也是在模型实体连接时传送带与其他固定类实体之间采用 A 连接的原因。

图 2.24　"全局设置"界面

4. 传送带的连接及衔接点设置

本节物流系统模型中，处理器与传送带、传送带与暂存区均采用了 A 连接。其他参数采用默认值。传送带之所以从固定资源类实体中独立出来，是因为传送带有很多特性。

（1）传送带的连接。传送带连接图如图 2.25 所示，发生器 1 产生 3 种类型的临时实体传送到暂存区 1，一方面，3 种临时实体经过直线传送带 1 后，首先红色的临时实体进入货架 1，绿色和蓝色的临时实体进入直线传送带 2，然后绿色的临时实体进入货架 2，蓝色临时实体进入直线传送带 3，最后蓝色临时实体进入货架 3。另一方面，进入货架 1 的临时实体在货架 1 停留 500 分钟后才可以离开货架 1，经过直线传送带 2 和直线传送带 3，再进入弯曲传送带 1，最终进入暂存区 2。绿色的临时实体在货架 2 上停留 600 分钟后才可以离开货架 2，经过直线传送带 3，再进入弯曲传送带 1，最终进入暂存区 3。蓝色的临时实体在货架 3 上停留 1000 分钟后，可以离开传送带 3 经过弯曲传送带 1，最终进入暂存区 4。

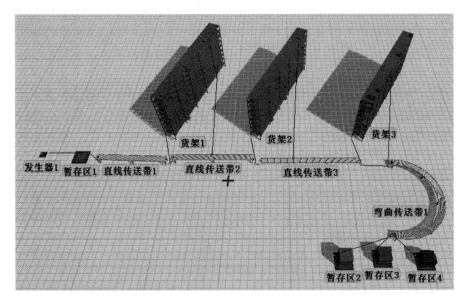

图 2.25　传送带连接图

在直线传送带 1 向货架 1 进行 A 连接的时候，是通过直线传送带 1 的离开衔接点与货架 1 进行 A 连接的。在未连接传送带的情况下，传送带离开衔接点和进入衔接点都看不到，一旦有了输入传送带的 A 连接，就可以看到进入衔接点，同样，有了输出 A 连接，就可以看到离开衔接点。出现衔接点后，通过点击衔接点，可以进行一系列的设置及信息查看。操作时通过适量放大直线传送带 1 末端，可以清晰地看出直线传送带 1 的离开衔接点，如图 2.26 所示，便于操作。输出产品连接时可以不用考虑是否选中离开衔接点，只需按住 "A" 键的同时，用鼠标左键点击 "直线传送带 1"，再点击 "货架 1"，即可完成直线传送带 1 与货架 1 的 A 连接。货架 1 与直线传送带 2 之间也是 A 连接，由于红色临时实体是由货架 1 流向直线传送带 2

的，因此连接时，在按住"A"键的同时，先点击"货架1"，再点击"直线传送带2"，即可完成货架1与直线传送带2的A连接。货架2、货架3与直线传送带2、直线传送带3以及弯曲传送带1的连接与此相同。

（2）传送带衔接点参数设置。无论是进入衔接点还是离开衔接点，其位置是可以移动调整的，而且一条传送带的进入衔接点和离开衔接点都不止一个。其位置移动可以通过鼠标左键选中衔接点进行拖动来完成。

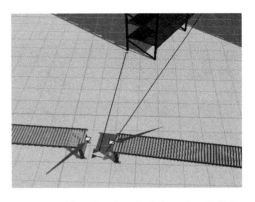

图2.26 传送带的离开衔接点和进入衔接点

在对直线传送带1的参数设置时，如果直接双击"直线传送带1"，则会弹出传送带属性界面，而在该属性界面中并没有对输出端口和常规选项的设置。需要选中并双击离开衔接点，弹出"离开衔接点属性"界面，如图2.27所示，其设置与其他建模实体设置基本相同。

图2.27 "离开衔接点属性"界面

在离开衔接点属性界面中可以看出，输出端口1连接货架1，输出端口2连接直线传送带2。因此，点击发送至端口右侧的下拉菜单，在弹出的菜单中选择"根据不同的Case选择输出端口"，紧接着弹出Case函数对话框，点击3次"＋"，增加3个Case值，在其对应的输出端口中，将其数值分别改为"1""2""2"，如图2.28所示。表示将类型为1的临时实体发送到端口1，其作用就是将类型为1的红色临时实体发送到与端口1相连接的货架1上；而临时实体的值为2、3时，临时实体被发送到端口2，也就是绿色和蓝色的临时实体均被送到了与端口2相连接的直线传送带 2 上。

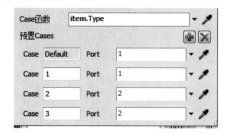

图 2.28　离开衔接点 Case 值的设置

"直线传送带 2"末端离开衔接点 Case 值的设置如图 2.29 所示。表示类型为 2 的临时实体被发送到端口 1，其作用就是将类型为 2 的绿色临时实体发送到了与端口 1 相连接的货架 2 上；而类型为 1、3 的临时实体被发送到端口 2，也就是红色和蓝色的临时实体均被发送到了与端口 2 相连接的直线传送带 3 上。

图 2.29　"直线传送带 2"末端离开衔接点 Case 值的设置

"直线传送带 3"末端离开衔接点 Case 值的设置如图 2.30 所示。表示类型为 3 的临时实体被发送到端口 1，其作用是类型为 3 的蓝色临时实体被送到了与端口 1 相连接的货架 3 上；而类型为 1、2 的临时实体被发送到端口 2，也就是红色和绿色的临时实体被发送到与端口 2 相连接的弯曲传送带 1 上。

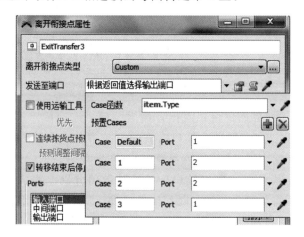

图 2.30　"直线传送带 3"末端离开衔接点 Case 值的设置

2.3.4　合成器的参数设置

2.3.4.1　合成器简介

1. 基本功能

合成器是用来把模型中的多个临时实体组合在一起的固定资源建模实体。合成器正常工作需要至少连接两个以上的输入端口（上游）。其可以将临时实体永久合成在一起，也可以将它们打包，在以后某个时间点上再将它们分离出来。

合成器有 3 种工作模式，即打包、合成与批处理。在打包模式下，合成器模拟装箱的过程，将输入端口 1 接收的临时实体作为容器，从输入端口 2 与更高序号的输入端口接收到的所有临时实体全部装入到由输入端口 1 接收的作为容器的临时实体中，然后再释放作为容器的临时实体。在合成模式下，合成器将 2 种或者多种产品合成为 1 种产品，除了从输入端口 1 接收到的那个临时实体保留原来外形外，合成器将破坏掉其余所有的临时实体。在批次处理模式下，合成器在各个上游端口收集全本批次的所有临时实体并完成了预置和处理时间后，释放所有临时实体。

2. 工作原理

合成器首先从输入端口 1 接收 1 个临时实体，然后才会从其他输入端口接收后续的临时实体。用户指定从输入端口 2 及更大序号的端口接收临时实体的数量。只有当用户要求的后续临时实体全部到达后，才开始打包且对预置或处理时间计时。

（1）第一个临时实体的确定。模型运行后，合成器将一直等待直到从输入端口 1 接收到一个临时实体，才允许其他临时实体进入合成器。

（2）接受临时实体。组成列表指定了合成器每一批次从其他每个输入端口接收的临时实体的数量，合成器根据其组成列表收集一批临时实体。组成列表的第 1 行是从输入端口 2 接收的临时实体数量，第 2 行对应输入端口 3，以此类推。

（3）更新组成列表。当端口 1 的临时实体到达合成器的输入端口时，组成列表会自动更新。因此，通常把输入端口 1 接收的临时实体定义为容器，如托盘。

2.3.4.2　合成器输入端口设置

双击"打开合成器 1"，在"常规"选项卡中选择"输入端口"，查看与 4 个输入端口连接的建模实体。如果发现托盘发生器没有与端口编号为 1 的端相连接，如图 2.31 所示，需要对连接顺序进行调节。选中"托盘发生器"，点击 3 次向上排序按钮，此时，与端口 1 相连接的实体变为托盘发生器，如图 2.32 所示。功能是确保托盘发生器产生的托盘首先到达合成器。

图 2.31　调节前发生器输入端口连接顺序

合成器的
基本功能

合成器的
基本运用

电子表在
合成器中
的运用

分解器的
运用

图 2.32　调节后发生器输入端口连接顺序

2.3.4.3　合成器合成模式设置

选择"合成器 1"的"合成器"选项卡，合成模式选择"打包"，组成清单的数量由默认的"1"均改为"2"，如图 2.33 所示。功能是每托盘打包组成中，由输入端口 2 输入 2 个类型为 1 的产品，由输入端口 3 输入 2 个类型为 2 产品，由输入端口 4 输入 2 个类型为 3 产品，每托盘共有 6 个产品。

2.3.4.4　合成器加工时间

合成器有单独的"加工时间"选项卡，选择"合成器 1"的"加工时间"选项卡，在"预置时间"编辑框中直接输入"1"，表示预置时间需要 1 分钟。点击"加工时间"编辑框右侧的下拉菜单，在弹出的功能菜单中选择"统计分布"，弹出一系列统计分布函数，选择"normal"，弹出正态分布函数 normal 设置界面，在"均值"编辑框中输入"2.0"，"标准差"编辑框中输入"0.2"，如图 2.34 所示。点击"应用""确定"，即可完成加工时间的设置。

图 2.33　合成器的合成清单

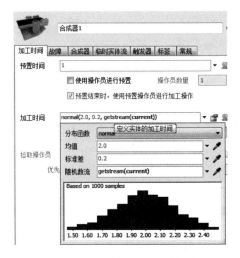

图 2.34　预置时间及加工时间设置

2.3.5　运行结果表达及模型优化

2.3.5.1　创建仪表

在日常生产和生活中，仪表是反映系统工作状况的装置，一般多个仪表装在仪

创建仪表

表盘中。在 Flexsim 创建的物流系统模型中，也有反映各实体运行状况的仪表。

1. 创建仪表盘

点击工具栏中"Dashboards"，在弹出的菜单中点击添加"Dashboards"，在建模区的右侧出现仪表盘区，且活跃区域为仪表盘区，如图 2.35 所示。同时，左侧实体库变为与仪表功能相对应的实体库，如图 2.36 所示。其中包含图表、在制品库存、吞吐量、停留时间、状态统计等功能，其中状态统计下的饼状图、状态条状图是常用功能图。通过点击建模区或仪表盘区，实体库中的相应实体也会跟随发生相应变动。

仪表盘的创建

图 2.35　仪表盘创建区

2. 选择仪表

首先在仪表盘库中，找到适合反映模型实体运行情况的仪表，然后关联该仪表要反映的实体。例如为了及时反映"暂存区 1"的随时间而变动的库存量，点击在制品库存中"WIP Vs Time"，再在仪表盘区的空白处点击鼠标左键，就会在仪表盘区弹出"WIP Vs Time"相应的对话框，如图 2.37 所示。关联具体的实体时，有 3 种方法可实现该功能。

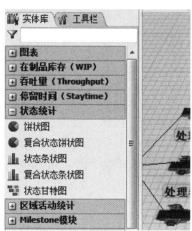

图 2.36　仪表盘库

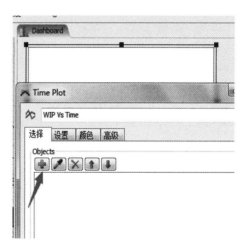

图 2.37　创建仪表

（1）方法一：在会话框中选择实体。点击仪表盘对话框中的"＋"，在展开的菜单中选择"Objects"，随即弹出一系列可选择实体小类，点击可选择实体小类前的"＋"，展开显示出可选择的具体实体，如图 2.38 所示，同时选中"半成品存放处"和"暂存区 2"，通过选择"设置"选项卡中的"显示图例"复选框，模型运行时将会显示仪表盘中实体的名称，图形用不同的颜色显示不同的实体运行状况，然后点击"选中""应用""确定"按钮。运行模型时"WIP Vs Time"仪表盘可看到"半成品存放处"和"暂存区 2"中临时实体存量随时间变动其库存量发生相应的变化，如图 2.39 所示。

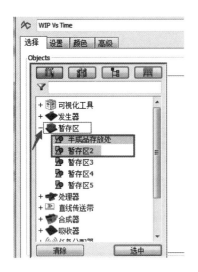

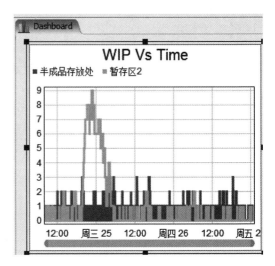

图 2.38　选择与仪表关联的实体　　　图 2.39　反映关联实体随时间变化的库存仪表图

（2）方法二：运用"吸管"关联实体。在图 2.37 所示的"WIP Vs Time"的对话框中，点击"＋"右侧的"吸管"，然后点击模型中需要反映运行状况的实体，该建模实体就被选中到"WIP Vs Time"对话框的选择列表中。例如点击"吸管"，然后点击"半成品存放处"；再点击"吸管""暂存区 2""半成品存放处"和"暂存区 2"均被选择到选择列表中，然后点击"确定"按钮，即可完成"WIP Vs Time"仪表盘的设置。

（3）方法三：快速创建仪表盘。在建模区双击要反映运行状况的模型实体，同样可以创建仪表盘。例如双击"操作员 1"，在弹出的"操作员 1"属性框中，单击实体名称"操作员 1"右侧的"打开该实体的统计窗口"按钮，则会弹出操作员 1 状态显示界面，点击状态右侧的"图钉"图标，弹出将操作员 1 的显示信息钉到选定的仪表盘上，如图 2.40 所示。当光标移至要选择的仪表盘上时，则会弹出可供选择仪表图形，如选择饼形统计图"Pie Chart"。

图 2.40　打开实体的统计窗口

在默认的饼形运行图中并无数据，可双击"Pie Chart"，弹出饼形图属性界面，可通过点击图形数据选项卡中"中心数据"右侧的下拉菜单显示出要选择的具体事件，选中的具体事件将关联中心数据，如图 2.41 所示。点击"确定"，模型运行一定时间后，"操作员 1"运行状态饼形图显示出相关数据，如图 2.42 所示。其中"Idle"表示闲置时间占比；"TravelEmpty"表示空载运行时间占比；"TravelLoaded"表示负载运行时间占比；"OffsetTravelEmpty"表示空载偏移时间占比；图中数据为操作员 1 的工作时间占比。

图 2.41　选择关联中心数据的事件

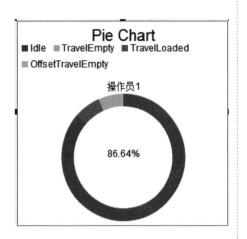

图 2.42　操作员运行饼形图

3. 重新命名

双击"仪表盘"，在仪表盘对话框中可对仪表盘名称进行重新命名。

4. 新增仪表盘

当要反映实体的仪表在一个仪表盘区展示不下时，可继续点击工具栏中的"Dashboard"，在弹出的菜单中选择"添加 Dashboard"，就会增加一个新的仪表盘区域"Dashboard2"。在此新区域中就可以添加仪表。例如点击新增加的仪表盘，选择"状态统计"中的"状态条状图"和"饼状图"，并关联上三个处理器。点击"重置""运行"后，仪表盘反映 3 个处理器的运行状况，如图 2.43 所示。其他实体仪表盘及实体的设置方法与此基本相同。

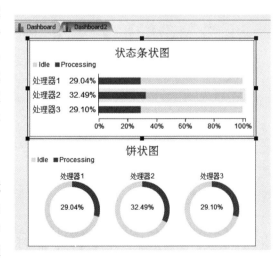

5. 数据查看

在模型运行、暂停或停止的状态下，通过双击模型仪表盘，弹出仪表盘对话框，选择高级对话框中的"查看表..."即可查看所选模型实体的运行数据，如图 2.44 所示。

图 2.43　处理器运行状况仪表盘

图 2.44 仪表盘图形中的数据

2.3.5.2 运行时间设定

模型运行停止通常有两种情况：一种原因是设置了一定的运行时间；另一种原因是完成了指定的任务。物流模型运行是为了反映一定时间和空间内的实际物流系统，找出物流系统所存在的问题。而现实物流系统运行时间往往是指一定的具体时间。可能是一小时的运行时间，也可能是一个月或一年的运行时间，为了更好地模拟和分析现实物流系统，需要设定模型运行一定的时间后自动停止。

在模型运行控制工具栏中，设置有控制模型仿真运行时间的控制编辑栏，如图 2.45 所示。点击"运行时间"编辑栏右侧的下拉菜单，会弹出"运行时间"设置窗口。选择"停止时间"前的复选框，结合模型时间计量单位，并输入一定的仿真运行时间。如果模型创建时选择的时间计量单位为分钟，那么一个月的仿真运行时间需折算为 43200 分钟，如图 2.46 所示。设置完成后点击"运行时间"编辑栏，出现如图 2.47 所示的设置。其功能是模型运行时间达到 43200 分钟后自动停止。该功能有助于仿真模型对改进前后的运行数据进行对比。

图 2.45 模型运行时间控制编辑栏

通过点击工具栏中调整速度工具的按钮，可以调整模型运行速度，达到模型快速完成模拟实际系统运行状况的目的。

2.3.6 运行数据导出

仿真模型运行结束后，为了对整个物流系统进行分析，需要一系列仿真运行数据。虽然可以通过仪表盘和模型快捷属性栏能比较直观地查看某些实

图 2.46 模型运行时间设置窗口

模型运行数据的导出

图 2.47 模型运行时间设置完成图

体的运行数据，但数据分散且不够系统，难以进行详细的分析比较。因此，有必要导出模型运行数据。

模型运行时间的设定及运行数据的导出

2.3.6.1 添加"报告与统计"功能图标

在初次启动 Flexsim 时，有的版本在常用工具栏中并没有"报告与统计"功能图标，为了方便使用，此时需要重新设置工具栏，将该功能添加至模型常用工具栏中。

首先点击文件主菜单下的"全局设置"，系统弹出"全局设置"属性界面。然后点击"自定义工具栏"选项卡，在"常用菜单"栏中，选择"报告与统计"。再点击"添加"按钮，将其增加到常用工具栏中，如图 2.48 所示。最后点击"确定"按钮，常用工具栏中就会增加"报告与统计"功能图标。

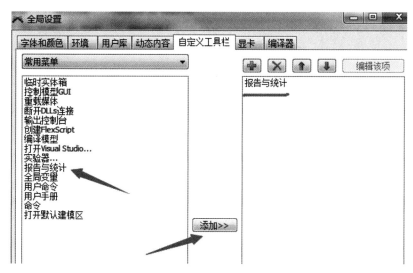

图 2.48 自定义工具栏设置

2.3.6.2 生成报告统计

添加"报告与统计"功能后，在 Flexsim 模型工具栏中就有了专门用于导出运行数据的工具"报告与统计"功能图标，如图 2.49 所示。点击该图标，则会弹出

图 2.49 "报告与统计"图标

"报告与统计"属性框。在"汇总报告"选项卡中，在标准属性栏中则给出了运行模型的全部属性统计指标，并将指标的含义进行了汉化处理。"属性报告"编辑栏显示的是要输出的统计指标，这些指标是通过该界面的增加和删除按钮将所需"标准属性"栏中的指标选择到"属性报告"栏中，如图 2.50 所示。确定好所选择的指标后，点击"生成报告"即可生成选定指标的汇总报告，如图 2.51 所示。

图 2.50　汇总报告指标选择属性框

	A	B	C	D	E	F	G	H	I	J	K	L
1	Flexsim Summary Report											
2	Time:	43200										
3												
4	Object	Class	stats_con	stats_con	stats_con	stats_con	stats_inp	stats_out	stats_sta	stats_sta	stats_sta	state_curren
5	发生器1	Source	0	0	0	0	0	3648	0	63.62885	1.766577	4
6	暂存区1	Queue	1000	0	1000	431.5145	3648	2648	0	16517.04	1661.985	8
7	处理器1	Processor	1	0	1	0.531372	1225	1224	10	43.27379	18.73919	4
8	处理器2	Processor	1	0	1	0.752343	876	875	10	3722.545	37.09987	4
9	处理器3	Processor	1	0	1	0.75629	547	546	10	10	10	4
10	暂存区2	Queue	1000	0	1000	819.9048	2645	1645	7.883096	26325.95	13507.85	10
11	货架1	Rack	546	0	546	275.0174	546	0	0	0	0	1
12	货架2	Rack	532	0	532	266.5069	532	0	0	0	0	1
13	货架3	Rack	567	0	567	282.3712	567	0	0	0	0	1
14	操作员1	Operator	0	0	0	0	0	0	0	0	0	1
15	叉车1	Transport	0	0	1	0.510562	1645	1645	7.806116	17.90878	13.40807	14
16												

图 2.51　模型运行汇总报告

　　同理，点击"状态报告"选项卡，出现模型状态报告指标选择界面，如图 2.52 所示。在"可用状态"栏中选择所需指标，通过点击"可用状态"与"报告中的状态"之间的增、减按钮可实现要导出状态报告中需要显示的统计指标。点击"生成报告"按钮，即可生成模型运行状态报告，如图 2.53 所示。

2.3.6.3　数据导出常遇问题及措施

　　在导出模型运行数据时经常会遇到模型运行数据无法导出的情况，并且出现如

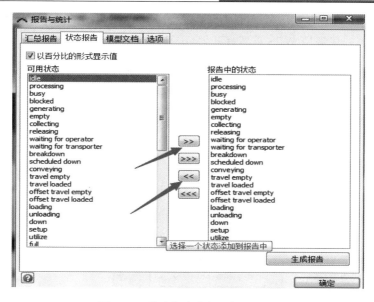

图 2.52 状态报告指标选择界面图

	A	B	C	D	E	F	G	H	I	J	K	L	M
1	Flexsim State Report												
2	Time:	43200											
3													
4	Object	Class	idle	processir	busy	blocked	generatir	empty	collectir	releasing	waiting f	waiting f	breakdowr
5	发生器1	Source	0.00%	0.00%	0.00%	23.59%	76.41%	0.00%	0.00%	0.00%	0.00%	0.00%	0.00%
6	暂存区1	Queue	0.00%	0.00%	0.00%	0.00%	0.00%	26.08%	0.00%	73.92%	0.00%	0.00%	0.00%
7	处理器1	Processor	41.10%	25.46%	0.00%	33.44%	0.00%	0.00%	0.00%	0.00%	0.00%	0.00%	0.00%
8	处理器2	Processor	21.82%	16.44%	0.00%	61.75%	0.00%	0.00%	0.00%	0.00%	0.00%	0.00%	0.00%
9	处理器3	Processor	21.53%	10.86%	0.00%	67.62%	0.00%	0.00%	0.00%	0.0 0%	0.00%	0.00%	0.00%
10	暂存区2	Queue	0.00%	0.00%	0.00%	0.00%	0.00%	0.07%	0.00%	0.00%	99.93%	0.00%	0.00%
11	货架1	Rack	100.00%	0.00%	0.00%	0.00%	0.00%	0.00%	0.00%	0.00%	0.00%	0.00%	0.00%
12	货架2	Rack	100.00%	0.00%	0.00%	0.00%	0.00%	0.00%	0.00%	0.00%	0.00%	0.00%	0.00%
13	货架3	Rack	100.00%	0.00%	0.00%	0.00%	0.00%	0.00%	0.00%	0.00%	0.00%	0.00%	0.00%
14	操作员1	Operator	100.00%	0.00%	0.00%	0.00%	0.00%	0.00%	0.00%	0.00%	0.00%	0.00%	0.00%
15	叉车1	Transport	0.05%	0.00%	0.00%	0.00%	0.00%	0.00%	0.00%	0.00%	0.00%	0.00%	0.00%
16													

图 2.53 模型运行状态报告

图 2.54 所示提示信息，其基本意思是 "'csv' 不是您的计算机上可识别的扩展名，请使用 '文件全局首选项' 浏览计算机上能够打开和查看 'csv' 文件的应用程序。常见的应用程序有 'WinWord' 'Wordpad' 'Notepad' 'Excel' 'Lotus'"。

图 2.54 导出模型运行数据时提示信息

如果电脑上已经装有这些软件，但仍不能导出、打开文件，说明建模系统与打开导出报表的系统衔接不协调。通常情况下，将模型另存到桌面上，重新运行相同的时间，再导出模型运行数据时就会正常导出了。但如果仍不能成功导出文档，可通过文件菜单下的"全局设置"功能中的"环境设置"，指定默认 csv 应用所使用的具体程序，如图 2.55 所示，指定了打开 csv 文件所使用的 Excel 系统。此时指向的是具体的 Excel 系统文件，而不是桌面上 Excel 系统的快捷方式。如果导出的 csv 文件用 Excel 打开后存在实体名称乱码的情况，一般需用 WPS 重新打开即可。

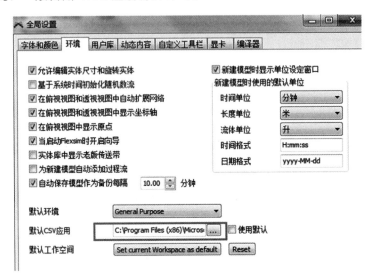

图 2.55　指定打开 csv 文件的系统文件

2.4　网络路径的设置

在物流系统仿真中，临时实体的运行路径设置是一个最基本且非常重要的参数设置。本节将通过一个生产物流案例，研究如何运用 Case 语句、如何运用全局表以及如何使用网络路径来设置临时实体的运行路径。

2.4.1　案例概况

某公司一号生产线共有 3 个车间，一号车间均匀的加工生产 3 种类型产品，加工完成后以均值为 10 秒的指数分布的时间间隔将半成品送达一号车间半成品存放处，然后由操作员送往二号车间的相应机台上。二号车间有三台机床，每台机床只能加工一种特定的产品类型，每种产品加工时间为 15 秒。产品在相应的机床上完成加工后送往二号车间半成品存放区，再由叉车通过二号车间的一个出口，将不同的产品送往设置在三号车间的各种产品的专用货架等待打包入库。一号、二号车间半成品存放处最多能存放 1000 个机配件，三号车间每个货架的最大容量为 1000 个机配件。

2.4.2　模型创建

2.4.2.1　模型布局

按住鼠标左键依次从左侧的实体库中拖入如图 2.56 所示实体。在操作过程中，对存在多个实体的情况，如 2 个暂存区、3 个货架的实体，应采取简便的批量建模操作方法，即用鼠标左键点击暂存区或货架，然后用鼠标左键在 3D 建模区需要放置实体的地方进行点击，每点击一次便可创建一个需要的实体。批量建模完成时，用鼠标右键在建模区的空白处点击一下，即可取消批量建模功能，鼠标便恢复正常状态。

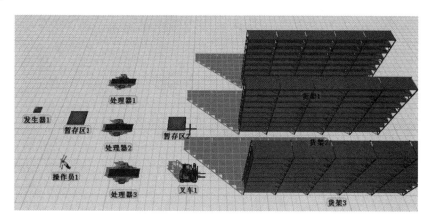

图 2.56　模型实体图

2.4.2.2　连接实体

1. A 连接

通常用于同类实体间的连接。在英文输入法下，按住"A"键，按照临时实体的流经顺序，依次点击"发生器 1""暂存区 1"即可完成发生器 1 到暂存区 1 的 A 连接。

由于模型中有 3 个处理器，并且均需要由"暂存区 1"连接到 3 个处理器，操作相同。因此，此处应采取框选的方法先选中 3 个处理器再进行连接，即按住"Shift＋鼠标左键"将 3 个处理器框选起来，框选完成后，3 个处理器呈红色，如图 2.57 所示。再按住"A"键，同时用鼠标左键先点击"暂存区 1"，再点击或拖曳至任意一个处理器，即可完成"暂存区 1"与 3 个处理器的连接。

同理，框选完成后按住"A"键，先点击任意一个处理器，再点击"暂存区 2"，即可完成 3 个处理器到暂存区 2 的连接。同样方法，框选 3 个货架，按住"A"键，依次点击"暂存区 2"和任意一个货架，即可完成"暂存区 2"到 3 个货架的连接。

2. S 连接

通常用于不同类实体间的连接。它从一个建模实体正下方的中间连接到另一个建模实体正下方的中间，连接的两个实体之间没有先后顺序，S 连接起到传递信息的作用。因此，在英文输入法下，按住"S"键，点击"暂存区 1"和"操作员 1"，即可实现"暂存区 1"和"操作员 1"之间的连接。同样的方法完成"暂存区 2"和"叉车 1"之间的 S 连接。由于 S 连接无连接顺序，可先点击"暂存区 1"，再点击"操作员 1"，也可先点击"操作员 1"，再点击"暂存区 1"。均可完成"暂存区 1"与"操作员 1"之间的 S 连接。同样的方法，用 S 连接完成"暂存区 2"与"叉车 1"之间的连接，如图 2.57 所示。

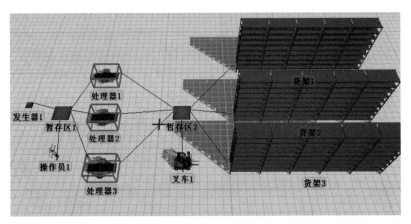

图 2.57　红选后处理器的状态

3. 连接位置

在没有对模型实体进行其他设置的情况下，默认 A 连接的输入端口位于实体的左上角，A 连接的输出端口位于实体的右上角，S 连接均位于模型实体的下方中间。

4. 取消红选

按住 "Shift" 键，用鼠标左键点击建模区的任意空白处即可取消红选功能。

2.4.3　参数设置

2.4.3.1　发生器参数设置

1. 临时实体到达方式及时间

双击 "发生器 1"，弹出 "发生器 1" 属性界面。在 "发生器" 选项卡的到达方式中，点击编辑框右侧的下拉菜单，在弹出的菜单中选择 "到达时间间隔"。在下方的"到达时间间隔" 编辑框中，点击编辑框右侧的到下拉菜单，如图 2.58 所示。

在弹出的选择菜单中选择 "统计分布" 下的 "exponential"，弹出指数分布设置窗口。将比例设置为 "10.0"，其余采取默认设置。如图 2.59 所示。表示发生器

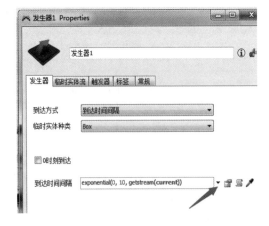

图 2.58　发生器到达方式设置界面

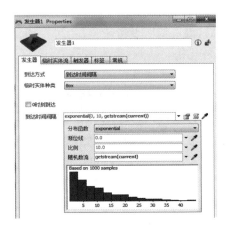

图 2.59　发生器到达时间间隔设置界面

产生临时实体的速度服从均值为 10 秒的指数分布。

2.临时实体类型和颜色

选择"发生器 1"属性界面中的"触发器"选项卡,选择"触发器"选项卡中左上方的"＋",在弹出的菜单中选择"On exit",再点击编辑框右侧的"＋",在弹出的菜单中依次选择"数据设置""设置临时实体类型和颜

图 2.60　临时实体类型和颜色设置

色",在弹出的"设置临时实体类型和颜色"中选择默认设置,如图 2.60 所示。该设置的作用是按照指定的时间间隔产生指定种类的临时实体,发生器产生的临时实体在离开发生器时变为类型为 1、2、3 的 3 种类型,其颜色分别为红色、绿色、蓝色。

2.4.3.2　暂存区 1 参数设置

1.暂存区 1 容量

双击"暂存区 1",弹出"暂存区 1"属性窗口。选择"暂存区"选项卡,在"最大容量"中输入"1000",如图 2.61 所示。

2.暂存区 1 临时实体发送端口

因为是设置临时实体的发送端口,所以在"暂存区 1"的属性界面中选择"临时实体流"选项卡,再点击"发送至端口"编辑框右侧的下拉菜单,在弹出的菜单中选择"根据不同的 case 选择输出端口",如图 2.62 所示。

图 2.61　暂存区容量设置

图 2.62　发送至端口的选择

Case 语句具有探测临时实体类型的功能,在接下来弹出的 Case 对话窗口中,通过点击 3 次右上角的"＋",增加 Case 的设置条件,修改输出端口 Port 的端口号,确保所有类型的临时实体均有路径选择,如图 2.63 所示。表示 Case 语句的返回值共有 3 种情况,当 Case 的返回值为"1"时,临时实体被送往端口 1;当 Case 的返回值为"2"时,临时实体被送往端口 2;当 Case 的返回值为"3"时,临时实

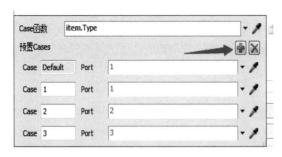

图 2.63　Case 函数设置

体被送往端口 3。而与端口 1 相连接的是"处理器 1",其作用就是将类型 1 的临时实体送往了"处理器 1";同理,将类型 2、类型 3 的临时实体分别送往了"处理器 2""处理器 3"。运行模型时将表现为红色的临时实体进入"处理器 1"进行加工,绿色的临时实体进入"处理器 2"进行加工,蓝色的临时实体进入"处理器 3"进行加工,实现了不同类型的临时实体进入到了各自专业的设备上进行加工。

3. 运输工具

由于生产物流中需要"操作员 1"把"暂存区 1"中的临时实体根据 Case 语句的返回值分别搬运到三个处理器中,因此在"暂存区 1"和"操作员 1"已完成 S 连接的基础上,选中"临时实体流"选项卡中的"使用运输工具"前的复选框,即可实现由"操作员 1"将临时实体由暂存区 1 搬运到 3 个处理器的功能。

2.4.3.3　处理器参数设置

鼠标左键双击"处理器 1",弹出的"处理器 1"的属性界面,选择"处理器"选项卡,在"加工时间"编辑框中输入数据"15",点击"应用"按钮,即可完成"处理器 1"加工时间的设置,如图 2.64 所示。由于 3 个处理器是相同的设备,可以采取快速设置的方法,即在不关闭"处理器 1"界面的情况下,点击"处理器 1"界面下方的前进按钮,即可进入"处理器 2"的参数设置,设置方法同"处理器 1",继续点击前进按钮,可进入"处理器 3"的参数设置。在通常的参数设置中,往往是双击某个实体,打开其属性界面,选取不同的选项卡进行设置。采用此简便的设置方法,可以在不用点击"确定"按钮关闭当前的对话框情况下,采用更为方便的前进或后退按钮来达到设置相同实体参数的功能。此项设置的功能是处理器每加工一个临时实体(半成品)需要 15 秒的时间。如果有的加工工艺要求将临时实体放置到处理器上时需要调整时间,此时则需要在该选项卡中设置预置时间项。

2.4.3.4　暂存区 2 参数设置

1. 全局表

点击工具栏中的"Tools"或左侧实体库旁边的"工具栏",如图 2.65 所示。然后点击"+",在展开的菜单中选择"全局

图 2.64　"处理器 1"的加工时间设置

表"。此时的主窗口中活跃窗口由建模区 Model 变为默认的全局表 GlobalTable1，此时的全局表默认值为 1 行 1 列，并且会在全局表创建区的右侧弹出全局表的快捷属性窗口。如图 2.66 所示。如果此时未能显示快捷属性，则点击选择菜单中的"视图"，在弹出的下拉菜单中选择"快捷属性"，即可在窗口右侧看到快捷属性窗口，建模过程中选中的建模实体会有一部分属性显示在快捷属性窗口中。为了使全局表能容纳所需的信息，可以通过快捷属性修改全局表的结构。全局表的行代表临时实体的类型，表中的列代表输出端口。因此案例中有 3 种临时实体，故将行数改为"3"，列数保持"1"，这样就建立了一个 3 行 1 列的全局表，默认名称为"GlobalTable1"。其中 3 行代表类型为 1、2、3 的 3 种类型临时实体，对应列代表该类型的临时实体要送到的输出端口号，如图 2.67 所示。全局表第 1 行代表产品类型为 1 的产品将被送往输出端口 3，而端口 3 连着货架 3。具体各输出端口连接到哪个模型实体，可通过"常规"选项卡的"端口"设置进行查看，如图 2.68 所示。同样，第 2 行代表产品类型为 2 的产品被送往输出端口 2，进而被送到与端口 2 相连接的货架 2 上。第 3 行代表产品类型为 3 的产品被送到输出端口 1，进而被送到与端口 1 相连接的货架 1 上。

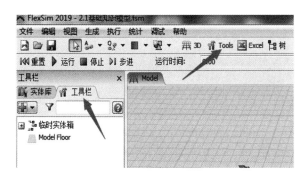

图 2.65　工具栏按钮

图 2.66　全局表快捷属性窗口属性选项

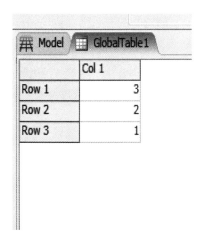

图 2.67　全局表设置

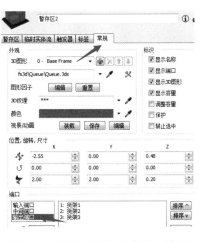

图 2.68　常规选项卡中的端口设置

2. 发送端口

"暂存区 2"临时实体发送端口可通过查询全局表功能选项进行设置。选择"暂存区 2"属性窗口中的"临时实体流"选项卡，在"发送至端口"的编辑框中，点击编辑框右侧的下拉菜单，在弹出的菜单中选择"查询全局表"，如图 2.69 所示。在查询全局表的对话框中，默认的全局表名为"table"，该表不是创建的全局表，且并不存在。此时，通过点击"全局表"编辑框中右侧的下拉菜单，选择新建的"GlobalTable1"来代替默认的"Table"，如图 2.70 所示。其余选择默认，即可实现按照全局表 GlobalTable1 中的 3 行 1 列的对应数值来发送临时实体。

图 2.69   发送至端口选择查询全局表

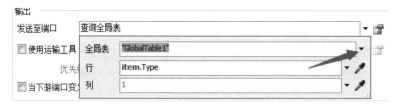

图 2.70   选择新建的全局表

3. 容量及运输工具

"暂存区 2"容量及运输工具的设置过程和方法参考"暂存区 1"的参数设置。

2.4.4   创建网络路径

在实际的物流行驶路径中，两个地点之间很少是直线，即在物流模型中，上下游两个实体之间运输路径通常也应该有弯曲路线。为此，有必要构建更加符合实际情况的临时实体行进路线。该功能是通过设置网络路径来实现的。

2.4.4.1   网络节点创建

用鼠标点击实体库中网络节点类实体下的"网络节点"实体，如图 2.71 所示。然后在建模

创建网络路径

设置网络运输路径

图 2.71   实体库中的网络节点

区域中"暂存区 2"与 3 个货架之间的不同空白处依次点击 4 下，创建 4 个网络节点，其默认名称分别为 NN1、NN2、NN3、NN4，其中 NN1 为中心网络节点，中心网络节点要与相关实体和其他网络节点相连接。

2.4.4.2　网络节点连接

由于 NN1 是中心节点，相关实体与网络节点之间均需与 NN1 进行 A 连接。但此时的 A 连接与以往实体之间的 A 连接不同，网络节点之间的连接没有方向要求，不具有方向性不代表临时实体的流向，只代表运输工具的实际运行路线。例如用 A 连接将 NN1 分别与暂存区 2、叉车 1、NN2、NN3、NN4 进行连接。连接完成后，NN1 与"暂存区 2"之间出现一条蓝色的连接线；NN1 与叉车 1 之间出现一条红色的连接线；NN1 与其他 3 个节点之间均出现一条带有两个方向相反的绿色箭头的黑色连接线。绿色箭头代表运输工具在此路线上可运行的方向。

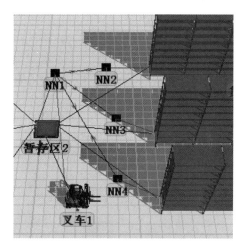

图 2.72　网络连接图

其他网络节点需分别与各自的货架进行 A 连接，即 NN2 连接"货架 1"，NN3 连接"货架 2"，NN4 连接"货架 3"。连接成功后，在 3 个网络节点与货架之间均出现一条蓝色的连接线，如图 2.72 所示。

此时的网络连接中的 A 连接不具有方向性，其行进方向由网络路径中的绿色箭头来确定。

2.4.4.3　网络路径改进

叉车使用的网络路径不一定都是直线，可以通过编辑得到想要的路径。

（1）编辑曲线网络路径。右击路径上的绿色箭头，弹出相应的功能菜单，如图 2.73 所示。选择"Curved"（弯曲），路径会出现两个黑色曲线控制点，拖动控制点使路径弯曲，如图 2.74 所示。可连续添加黑色曲线控制点，直至得到理想的曲线形状。

图 2.73　选择曲线网络路径

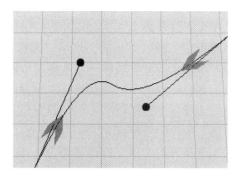

图 2.74　编辑曲线网络路径

（2）路径中不允许某方向通行。在菜单中选择"No _ Connection"（无连接），绿色箭头变为红色，则该方向不再通行。

（3）删除路径。在菜单中选择"Delete Path"（删除路径）。

2.4.5　运行模型

模型创建、连接及参数设置完成后，点击控制工具栏中的"重置"按钮，以确保参数设置发挥作用，再点击工具栏中的"运行"按钮。检查模型运行是否正常。模型运行一段时间后，点击"停止"按钮。模型运行情况如图 2.75 所示。

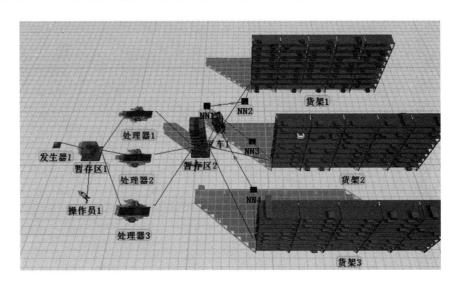

图 2.75　模型运行图

2.4.6　流程改进

建模仿真的目的就是通过运行模型，发现生产流程中的瓶颈问题。本模型运行一段时间后，在"暂存区 2"中积压了大量的临时实体，说明生产设施设备之间明显存在着不匹配的问题。为此，我们尝试增加一台叉车。

（1）断开"暂存区 2"与"叉车 1"的 S 连接。英文输入法下，按住"S"键的同时，单击"暂存区 2"，再单击"叉车 1"；或按住"S"键同时，先单击"叉车 1"，再单击"暂存区 2"，即可完成"暂存区 2"与"叉车 1"之间的 S 连接。

（2）增加任务分配器和一台叉车。分别从实体库的任务执行类实体中拖曳一个任务分配器和一台叉车，将其放在"暂存区 2"旁边的合适位置上。

（3）连接任务分配器和叉车。因为任务分配器与"暂存区 2"属于不同类型的模型实体，所以"暂存区 2"与任务分配器之间进行 S 连接。而任务分配器与叉车之间均属于执行类实体，因此任务分配器与叉车之间需用 A 连接。任务分配器将"暂存区 2"中的信息传递给两名操作员，并协调两名操作员之间的工作。

（4）设置任务分配器参数。双击"任务分配器"，在弹出的"任务分配器"的属性界面中选择"任务分配器"选项卡。单击分配策略编辑框右侧的下拉菜单,在弹出的功能菜单中根据工作需要选择所需模式。如需要让两名操作员均衡的工作,可以选择循环模式,如图 2.76 所示。这样就能实现两名操作员的工作量基本相同。

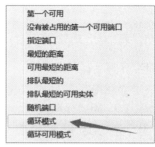

图 2.76　任务分配器的参数设置

(5) 网络连接。中心网络节点 NN1 要单独与两名操作员进行 A 连接,而不能连接到任务分配器上。因此,首先框选"叉车 1"和"叉车 2",再按住"A"键,依次点击中心网络节点"NN1"和"叉车 1",即可完成中心网络节点 NN1 与叉车 1、叉车 2 的连接,如图 2.77 所示。

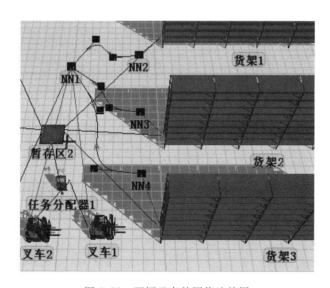

图 2.77　两辆叉车的网络连接图

(6) 验证优化模型。通过依次点击控制工作栏中的"重置""运行"按钮,模型正常运行起来,并且"暂存区 2"中已没有临时实体的堆积挤压现象,说明优化方案可行。

2.5　合 成 器 的 使 用

在物流系统中,为了方便、高效地运输和储存,经常需要对运输的货物进行打

合成器的
使用

合成器与
全局表的
综合运用

包。在物流建模与仿真系统中，该功能是通过合成器来实现的。

2.5.1　问题描述

1. 基本流程

某公司生产物流系统中，第一工序共生产 3 种类型为 1、2、3 的半成品临时实体，半成品临时实体产出时间间隔为 1 分钟，以随机方式存放到本工序的 3 个暂存区中，即暂存区 1、暂存区 2、暂存区 3，且 3 个暂存区均可以接收 3 种类型的临时实体。一个运输机从 3 个暂存区中搬运半成品临时实体到第二工序另外 3 个暂存区，即暂存区 4、暂存区 5、暂存区 6，且第二工序的 3 个暂存区每个只接收 1 种临时实体。暂存区 1～6 的最大容量均为 100 个。该运输机可以同时搬运 5 个相同的临时实体。半成品临时实体从这些暂存区到各自专用处理器进行处理，处理时间为 10 分钟，处理器出来的产品由合成器根据客户订单装盘。装盘后的产品被送到待上架存放区，再由堆垛机运到货架上。在货架上存放时间至少为 100 分钟，然后送到分解器，对产品进行分解，托盘送至托盘存放区，产品送至产品存放区。

2. 订单明细

除基本流程描述中涉及的部分参数外，客户订单组成见表 2.3；客户到达时间见表 2.4。2 个层数为 5 层，层高为 2 米的货架。

表 2.3	客 户 订 单 组 成			单位：个
	客户订单 1	客户订单 2	客户订单 3	客户订单 4
产品 1	1	2	3	4
产品 2	3	1	5	3
产品 3	6	6	2	1

表 2.4	客 户 到 达 时 间			
	到达时间/分钟	产品名称	产品类型	数量/个
客户 1	0	A	1	5
客户 2	200	B	2	7
客户 3	500	C	3	20
客户 4	600	D	4	15

2.5.2　创建模型

2.5.2.1　模型布局

根据问题描述，从实体库里拖出 2 个发生器、9 个暂存区、3 个处理器、1 个合成器、2 排货架、1 个分解器、1 个堆垛机和 2 辆叉车放到建模区中，并按模型要求布局好，如图 2.78 所示，模型实体及其模拟功能见表 2.5。

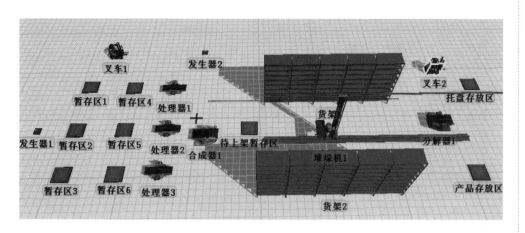

图 2.78　模型布局图

表 2.5　　　　　　　　　　　　　模型实体及其模拟功能

模型实体	数量/个	作　　用	含　　义
发生器	2	产生临时实体	代表生产半成品或供应包装物
暂存区	9	存放临时实体	临时存放半成品或包装物
处理器	3	处理临时实体	对半成品进行加工
合成器	1	打包临时实体	对半成品进行包装，便于运输
货架	2	较长时间存放产成品	存放包装后的产成品
分解器	1	拆解包装物	将产品与包装物分离开
叉车	2	运输货物	将半成品、产成品搬运到指定地方
堆垛机	1	专用于向货架运输	将产成品送到指定货架

2.5.2.2　模型连接

根据模型实体之间的连接规范，同类实体之间的连接用 A 连接，任务执行类实体与固定类实体之间的连接用 S 连接。模型中由于发生器 1 分别连接 3 个暂存区，此时，连接时应考虑对 3 个暂存区使用红选的方法更为简便快捷，即英文输入法下，按住"Shift＋鼠标左键"，框选暂存区 1、暂存区 2、暂存区 3，此时暂存区 1、暂存区 2、暂存区 3 呈红色。再按住"A"键，然后用鼠标左键单击发生器并拖曳到红选的 3 个暂存区中的任意一个暂存区上，即可完成"发生器 1"与 3 个暂存区的 A 连接。同样，由于"暂存区 1""暂存区 2""暂存区 3"均要与"暂存区 4""暂存区 5""暂存区 6"分别进行连接，此时按住"A"键，点击"暂存区 1"，再分别点击"暂存区 4""暂存区 5""暂存区 6"，即可完成"暂存区 1""暂存区 2""暂存区 3"分别与"暂存区 4""暂存区 5""暂存区 6"的 A 链接。"暂存区 1""暂存

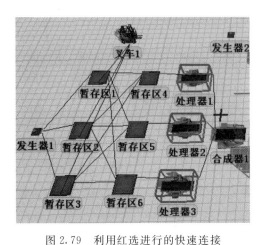

图 2.79　利用红选进行的快速连接

区 2""暂存区 3"与"叉车 1"之间需要 S 连接。连接时按住"S"键，点击"暂存区 1""暂存区 2""暂存区 3"中的任意一个，再点击"叉车1"，即完成"暂存区 1""暂存区 2""暂存区 3"与叉车 1 之间的 S 连接，如图 2.79 所示。3 个处理器与合成器之间的连接也应该采取简便快捷的红选方法。取消红选时按住"Shift"键，用鼠标左键点击建模区的任意空白处即可取消红选。连接拖曳时将看到一条黄线，释放后变为黑线，完成连接模型图如图 2.80 所示。

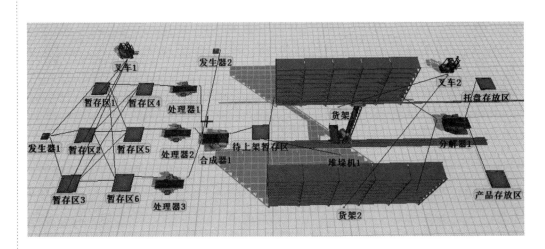

图 2.80　完成连接模型图

2.5.3　参数设置

2.5.3.1　发生器 1 参数设置

1. 临时实体产生速度和输出端口

双击"发生器 1"，弹出"发生器 1"属性界面，选择"发生器"选项卡，在到达方式中选择"到达时间间隔"，在"到达时间间隔"编辑框中输入数字"1"，代表产生临时实体时间间隔为 1 分钟，即每隔 1 分钟就产生一个临时实体，如图 2.81 所示。

选择"临时实体流"选项卡，在"发送至端口"下拉菜单中选择"随机端口"，表示临时实体以随机方式到达 3 个暂存区，即临时实体可以随机到达"暂存区 1""暂存区 2""暂存区 3"，其设置如图 2.82 所示。

图 2.81 临时实体产生速度设置

图 2.82 临时实体输出端口设置

2. 产品类型和颜色

选择"触发器"选项卡，点击"＋"，选择"On Exit"，在"On Exit"（离开出发）右侧下拉菜单中选择"设置临时实体类型和颜色"，将"临时实体类型"设置为服从函数为"duniform（1，3，getstream（current））"的均匀分布，如图 2.83 所示。代表均匀地产生 3 种类型的临时实体。

2.5.3.2 "暂存区 1"参数设置

双击"暂存区 1"，打开"暂存区 1"的属性对话框，在"暂存区"选项卡中将最大容量修改为"100"，再选择"临时实体流"选项卡，选中"使用运输工具"前的复选框，如图 2.84 所示。表示临时实体从"暂存区 1"流向其他暂存区时需要使用与"暂存区 1"相连接的运输工具"叉车 1"，运输工具要连接上下游实体中的上游模型实体。对"暂存区 2"和"暂存区 3"进行相同的设置。

图 2.83 临时实体的类型和颜色设置

2.5.3.3 "暂存区 4"参数设置

由于"暂存区 4""暂存区 5""暂存区 6"这 3 个暂存区每个暂存区只接收一种类型的临时实体产品。其参数设置为打开"暂存区 4"的属性对话框，选择"临时实体流"选项卡，在"输入"选项组中选中"拉入策略"复选框，在其下拉菜单中选择"AnyPort"，代表可以从"暂存区 3""暂存区 4""暂存区 5"中根据需要拉入临时实体。在"拉入条件"下拉菜单中选择"特定临时实体类型"，"类型"输入为"1"，如图 2.85 所示，表示只能从"暂存区 3""暂存区 4""暂存区 5"中拉入类型为 1 的临时实体。对"暂存区 5"和"暂存区 6"进行类似设置，将类型分别设置为"2"和"3"。

2.5.3.4 "叉车"参数设置

由于一台叉车可以同时搬运 5 个临时实体，且叉车只能同时搬运多个相同类型

图 2.84　"暂存区 1"参数设置

图 2.85　"暂存区 4"参数设置

的临时实体，因此进行如下参数设置。双击"叉车 1"，打开"叉车 1"的属性对话框，选择"叉车"选项卡，将"容量"设置为"5"，将"中断触发"设置为"相同的临时实体类型"，如图 2.86 所示。

2.5.3.5　"处理器"参数设置

打开"处理器 1"的属性对话框，选择"处理器"选项卡，将"加工时间"设置为"10"，如图 2.87 所示。表示处理器每加工一个半成品需要 10 分钟。其他两个处理器参数设置与此相同。

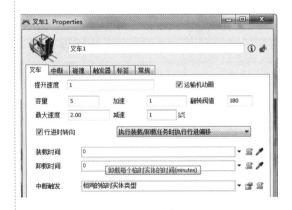

图 2.86　"容量"及"中断触发"设置

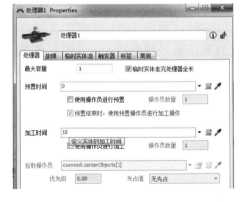

图 2.87　处理器 1 的加工时间设置

2.5.3.6　"发生器 2"参数设置

1. 临时实体的种类及到达信息

发生器 2 用于产生包装物——托盘。双击"发生器 2"，打开"发生器 2"的属性对话框，选择"发生器"选项卡，在"临时实体种类"下拉菜单中选择"Pallet"（托盘），在"到达方式"下拉菜单中选择"到达时间表"，将"Arrivals"（到达次数）设置为"4"。然后根据问题描述中的客户到达时间表输入信息，如图 2.88 所示。

2. 临时实体的类型和颜色

选择"触发器"选项卡，单击"＋"，在弹出的功能选项中选择"On Creation"，即创建临时实体时就会触发某一操作。再点击"On Creation"编辑框右侧的"＋"，在弹出的菜单中选择"数据设置""设置临时实体类型和颜色"，弹出"设置临时实体类型和颜色"界面，如图 2.89 所示，点击"临时实体类型"编辑框右侧的下拉菜单，在弹出的功能项中选择"rownumber"。"发生器 2"将根据到达时间表每行序号和每行所列示的临时实

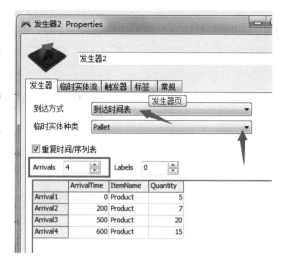

图 2.88 临时实体的种类及到达信息设置

体到达时间和到达数量信息，发生器 2 在指定时间点产生不同类型和指定数量的临时实体。其产生的临时实体的类型与该行在到达时间表所在行的行序号一致，即根据到达时间表第 1 行的信息，在模型运行的第 0 分钟，产生了 5 个类型为 1、颜色为红色的临时实体；根据第 2 行的信息，在模型运行的第 200 分钟，产生了 7 个类型为 2、颜色为绿色的临时实体；根据第 3 行的信息，在第 500 分钟，产生了 20 个类型为 3、颜色为蓝色的临时实体；根据第 4 行的信息，在第 600 分钟，产生了 15 个类型为 4、颜色为黄色的临时实体。

图 2.89 临时实体的类型和颜色设置

2.5.3.7 装盘参数设置

当各种临时实体从处理器上加工完成后发送到达合成器时，合成器上需要存一

个由"发生器 2"根据顾客的到达时间发出的托盘，并且合成器要根据顾客订单进行装盘作业。

1. 创建全局表

为了反映客户订单信息，需要创建一个 3 行 4 列全局表。点击工具栏中"＋"，选择"全局表"，在右侧属性栏中将行数改为"3"，列数改为"4"。行代表产品类型，列对应客户订单，而客户订单用托盘类型模拟。因此，全局表的三行对应 3 种类型的产品，4 列对应 4 种客户订单。将每种客户订单信息输入到全局表中，如图 2.90 所示。

图 2.90　反映客户订单信息的全局表

2. 合成器合成模式及触发事件设置

（1）打包模式设置。双击"合成器 1"，打开"合成器 1"的属性界面，选择"合成器"选项卡，在"合成模式"下拉菜单中选择"打包"模式。

（2）触发事件参数设置。点击"合成器 1"选项卡中的"触发器"选项卡，点击"＋"，在弹出的菜单中选择"On Entry"（进入触发），点击该编辑栏右侧的"＋"，选择"更新合成器组件列表"，弹出"更新合成器组件列表"对话框，如图 2.91 所示。点击表格编辑框右侧的下拉菜单，弹出可供选择的数据源，此案例中将会弹出全局表"GlobalTable1"，选中此表，如图 2.92 所示。点击"确定"，完成合成器 1 的参数设置。

图 2.91　进入触发功能选项　　　　图 2.92　更新合成器组合列表选择

模型仿真运行后，"组成清单"中的打包数据将根据"触发器"选项卡中的触发事件自动更新。例如模型运行后，当进入到合成器的托盘类型为 2 时，将用

全局表的第 2 列中的数据更新打包用的
组成清单，如图 2.93 所示。

3. 检查"合成器 1"输入端口顺序

在实际产品装盘过程中，要先把托盘
发送到"合成器 1"，然后再在托盘上进行
码垛，因此在输入端口应该把产生托盘的
发生器 2 放在最前面。具体操作为打开
"合成器 1"的属性对话框，选择"常规"
选项卡，在"端口"选项组中选择"输入
端口"选项，查看合成器输入端口的连接
情况，确保产生托盘的发生器 2 连接到输
入端口 1 上，如图 2.94 所示。

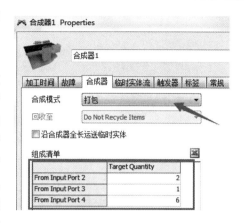

图 2.93 更新后的组成清单

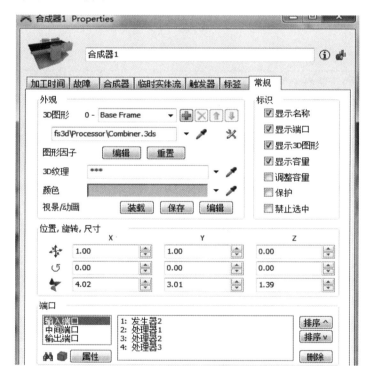

图 2.94 "合成器 1"的输入端口设置

2.5.3.8 "暂存区 7"参数设置

双击"暂存区 7"，打开"暂存区 7"的属性对话框，选择"临时实体流"选项
卡，勾选"使用运输工具"，结果如图 2.95 所示。

2.5.3.9 "货架 1"参数设置

1. 产品放置顺序

打开"货架 1"的属性对话框，选择"货架"选项卡，在"放置到列"下拉菜
单中选择"第一个可用列"，在"放置到层"下拉菜单中选择"第一个可用层"，如

图 2.96 所示，对"货架 2"进行相同的设置。

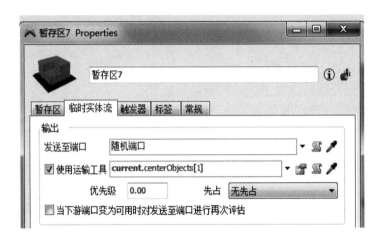

图 2.95　"暂存区 7"参数设置

图 2.96　产品在货架放置顺序参数设置

2. 最小停留时间

点击"货架"选项卡，点击"最小停留时间"编辑框右侧的下拉菜单，直接输入"100"即可。如图 2.97 所示。

3. 规格参数

打开"货架 1"的属性对话框，选择"尺寸表格"选项卡，将列数设置为"10"，层数设置为"5"，列宽、层高设置为"2.00"，如图 2.98 所示。对"货架 2"进行相同的设置。

图 2.97 最小停留时间设置

图 2.98 规格参数设置

2.5.3.10 分解器参数设置

双击"分解器 1",在弹出的"分解器 1"属性界面中,选择"分解器"选项卡,选择默认的"拆包"选项,如图 2.99 所示。点击"临时实体流"选项,"发送至端口"中选择"默认分解器选项",即将容器类临时实体托盘发送至端口 1,临时实体通过其他端口输出,如图 2.100 所示。运行后可以看到托盘被送到托盘暂存区,临时实体被送到产品存放区。

2.5.4 运行模型及数据导出

1. 运行模型

为了使系统模型参数设置起作用,在运行模型前,为了使参数发挥作用,要先单击运行控制工具栏中的"重置"键,再单击"运行"按钮使模型运行起来,当"发生器 2"产出达到指定的 47 个托盘,暂存区 1~3 中的一个暂存区及暂存区 4~6 均达到最大容器 100 个后模型停止运行,如图 2.101 所示。

图 2.99 分解方式设置

图 2.100 分解器输出端口设置

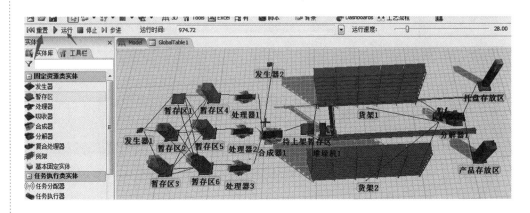

图 2.101 运行结束的模型

2. 仿真结果导出及分析

模型运行结束后，通过"工具栏"中的"报告与统计"按钮，可将运行结果导出。模型运行汇总报告表如图 2.102 所示。从导出的数据可以看出，"发生器 1"产

Flexsim Summary Report
Time:

Object	stats_content	stats_contentmax	stats_contenta	stats_inpu	stats_output	stats_st	stats_st	stats_st	state_curren
发生器1	0	0	0	0	631	0	112.4913	0.221063	4
发生器2	0	24	4.94975	0	47	0	240	102.6517	5
暂存区1	0	51	13.914467	218	218	0.053332	216.1467	62.21435	6
暂存区2	87	100	47.822277	203	116	0.053788	486.3359	61.50521	8
暂存区3	100	100	51.670152	210	110	0.054569	0.151929	0.098757	8
暂存区4	100	100	81.405004	148	48	0	688.8426	456.0389	8
暂存区5	100	100	83.069594	148	48	0	699.8497	448.8482	8
暂存区6	100	100	81.674489	148	48	0	700.8269	454.4467	8
处理器1	1	1	0.99883	48	47	10	240	17.84807	4
处理器2	1	1	0.99676	48	47	10	240	17.80515	4
处理器3	1	1	0.993683	48	47	10	240	17.74134	4
合成器1	0	2	0.498765	188	188	0	26.1569	2.585941	1
待上架暂存区	0	1	0.004939	47	47	0.10004	0.160446	0.102421	6
货架1	0	11	5.096387	47	47	100.2152	114.2021	105.6927	1
货架2	0	0	0	0	0	0	0	0	1
堆垛机1	0	1	0.011635	47	47	0.22013	0.309986	0.2413	1
分解器1	0	4	0.482189	188	188	0	10	2.5	1
叉车1	0	1	0.048458	444	444	0.044177	0.18703	0.106381	1
托盘存放区	47	47	15.017726	47	0	0	0	0	8
产品存放区	141	141	45.053177	141	0	0	0	0	8
叉车2	0	1	0.009551	47	47	0.182693	0.200006	0.198073	1

图 2.102 导出的运行数据

出 631 个临时实体，"暂存区 3～6"的当前容量均达到最大，各暂存区的当前容量是输入数量与输出数量的差。"合成器 1"的输入、输出数是"发生器 2"与 3 个处理器输出数量之和。托盘存放区中托盘数量等于"发生器 2"产出的托盘数量，产品存放区中临时实体的数量等于 3 个加工处理器的输出数量之和。

在对导出数据进行分析的同时，结合仪表运行情况，可对系统运行情况进行更好的分析。

2.6 AGV 模型的创建

AGV 模型的创建

2.6.1 AGV 简介

2.6.1.1 定义

自动导引运输车（Automated Guided Vehicle，AGV）是指装备有电磁或光学等自动导引装置，能够沿规定的导引路径行驶，具有安全保护以及各种移载功能的运输车，AGV 属于轮式移动机器人的范畴。在工业应用中是不需驾驶员的搬运车，以可充电蓄电池为其动力来源。一般可通过电脑来控制其行进路线以及行为，或利用电磁轨道来设立其行进路线，电磁轨道黏贴于地板上，无人搬运车则依循电磁轨道所带来的讯息进行移动与动作。

AGV 运行路径的设置

AGV 又名无人搬运车、自动导航车、激光导航车。其显著的特点是无人驾驶，AGV 上装备有自动导向系统，可以保障系统在不需要人工引航的情况下就能够沿预定的路线自动行驶，将货物或物料自动从起始点运送到目的地。AGV 的另一个特点是柔性好，自动化程度高和智能化水平高，AGV 的行驶路径可以根据仓储货位要求、生产工艺流程等的改变而灵活改变，并且运行路径改变的费用与传统的输送带和刚性的传送线相比非常低廉。AGV 一般配备有装卸机构，可以与其他物流设备自动接口，实现货物和物料装卸与搬运全过程自动化。此外，AGV 还具有清洁生产的特点，AGV 依靠自带的蓄电池提供动力，运行过程中无噪声、无污染，可以应用在许多要求工作环境清洁的场所，如图 2.103 所示。

2.6.1.2 优点

1. 自动化程度高

AGV 由计算机、电控设备、磁气感应、激光反射板等控制。当车间某一环节需要辅料时，由工作人员向计算机终端输入相关信息，计算机终端再将信息发送到中央控制室，由专业的技术人员向计算机发出指令，在电控设备的合作下，这一指令最终被 AGV 接受并执行——将辅料送至相应地点。

2. 充电自动化

当 AGV 小车的电量即将耗尽时，它会向系统发出请求指令，请求充电（一般技术人员会事先设置一个值），在系统允许后自动到充电的地方排队充电。另外，AGV 小车的电池寿命很长（2 年以上），并且每充电 15 分钟可工作 4 小时

图 2.103　工作中的 AGV 小车

左右。

3. 形象美观小巧

AGV 美观小巧，可观赏度高，生产车间的 AGV 可以在各个车间穿梭往复。

2.6.1.3　引导方式

1. 电磁感应引导

利用低频引导电缆形成的电磁场及电磁传感装置引导无人搬运车的运行。

2. 激光引导

利用激光扫描器识别设置在其活动范围内的若干个定位标志来确定其坐标位置，从而引导 AGV 运行。

3. 磁铁——陀螺惯性引导

利用特制磁性位置传感器检测安装在地面上的小磁铁，再利用陀螺仪技术连续控制无人搬运车的运行方向。

2.6.1.4　种类

AGV 从发明至今已经有 60 年的历史，随着应用领域的扩展，其种类和形式变得多种多样。常常根据 AGV 自动行驶过程中的导航方式将 AGV 分为 3 种类型。

1. 电磁感应引导式 AGV

电磁感应引导式一般是在地面上，沿预先设定的行驶路径埋设电线，当高频电流流经导线时，导线周围产生电磁场，AGV 上左右对称安装有两个电磁感应器，其所接收的电磁信号的强度差异可以反映 AGV 偏离路径的程度。AGV 的自动控制系统根据这种偏差来控制车辆的转向，连续的动态闭环控制能够保证 AGV 对设定路径的稳定自动跟踪。这种电磁感应引导式导航方法在绝大多数商业化的 AGV 上使用，尤其是适用于大中型的 AGV。

2. 激光引导式 AGV

该种 AGV 上安装有可旋转的激光扫描器，在运行路径沿途的墙壁或支柱上安装有高反光性反射板的激光定位标志，AGV 依靠激光扫描器发射激光束，然后接受由四周定位标志反射回的激光束，车载计算机计算出车辆当前的位置以及运动的方向，通过和内置的数字地图进行对比来校正方位，从而实现自动搬运。

该种 AGV 的应用越来越普遍。依据同样的引导原理，若将激光扫描器更换为红外发射器或超声波发射器，则激光引导式 AGV 可以变为红外引导式 AGV 和超声波引导式 AGV。

3. 视觉引导式 AGV

视觉引导式 AGV 是正在快速发展和成熟的 AGV，该种 AGV 上装有 CCD 摄像机和传感器，在车载计算机中设置有 AGV 欲行驶路径周围环境图像数据库。AGV 在行驶过程中，摄像机动态获取车辆周围环境图像信息并与图像数据库进行比较，从而确定当前位置并对下一步行驶做出决策。

这种 AGV 由于不要求人为设置任何物理路径，因此在理论上具有最佳的引导柔性，随着计算机图像采集、储存和处理技术的飞速发展，该种 AGV 的实用性越来越强。

此外，还有铁磁——陀螺惯性引导式 AGV、光学引导式 AGV 等多种形式的 AGV。

2.6.1.5 应用

1. 仓储业

仓储业是 AGV 最早应用的场所。1954 年世界上首台 AGV 在美国的南卡罗来纳州 Mercury Motor Freight 公司的仓库内投入运营，用于实现出入库货物的自动搬运。

2. 制造业

AGV 在制造业的生产线中大显身手，高效、准确、灵活地完成物料的搬运任务。并且可由多台 AGV 组成柔性的物流搬运系统，搬运路线可以随着生产工艺流程的调整而及时调整，使一条生产线上能够制造出十几种产品，大大提高了生产的柔性和公司的竞争力。1974 年瑞典的 Volvo Kalmar 轿车装配厂为了提高运输系统的灵活性，采用基于 AGVS 为载运工具的自动轿车装配线，该装配线由多台可装载轿车车体的 AGVS 组成，采用该装配线后，装配时间减少了 20%，装配故障率减小 39%，投资回收时间减小 57%，劳动力需求减小了 5%。AGV 在世界的主要汽车厂，如通用汽车公司、丰田汽车公司、克莱斯勒汽车公司、大众汽车公司等的制造和装配线上得到了普遍应用。

近年来，作为计算机/现代集成制造系统（Computer Integrated Manufacturing Systems，CIMS）的基础搬运工具，AGV 的应用深入到机械加工、家电生产、微电子制造、卷烟等多个行业，生产加工领域成为 AGV 应用最广泛的领域。

3. 邮局、港口码头等场所

在邮局、图书馆、码头和机场等场合，物品的运送存在着作业量变化大，动态性强，作业流程经常调整，以及搬运作业过程单一等特点，AGV 的并行作业、自动化、智能化和柔性化的特性能够很好地满足上述场合的搬运要求。瑞典于 1983 年在大斯德哥尔摩邮局、日本于 1988 年在东京多摩邮局、我国于 1990 年在上海邮政枢纽开始使用 AGV，完成邮件的搬运工作。在荷兰鹿特丹港口，50 辆称为"yard tractors"的 AGV 完成集装箱从船边运送到几百码以外的仓库这一重复性工作。

4. 对环境有较高要求的场所

对于搬运作业有清洁、安全、无排放污染等特殊要求的烟草、医药、食品、化工等行业中，AGV 的应用也受到重视。在国内的许多卷烟企业、医药企业、食品及化工企业中，应用激光引导式 AGV 完成托盘货物的搬运工作。

5. 危险场所和特种行业

在军事上，以 AGV 的自动驾驶为基础集成的其他探测和拆卸设备，可用于战场排雷和阵地侦察，英国军方正在研制的 MINDER Recce 是一辆侦察车，具有地雷探测、销毁及航路验证能力的自动型侦察车。在钢铁厂，AGV 用于炉料运送，减轻了工人的劳动强度。在核电站和利用核辐射进行保鲜储存的场所，AGV 用于物品的运送，避免了辐射的危险。在胶卷和胶片仓库，AGV 可以在黑暗的环境中，准确可靠地运送物料和半成品。

2.6.2　创建导引路径

2.6.2.1　问题描述

为了节约用工和提高工作效率，利用 AGV 的特点，将货物从一个地点按照指定的路线搬运到另一个地点。即创建一条矩形的导引路径，两辆 AGV 小车沿该路径将发生器产生的临时实体搬运至路径对侧的暂存区。

2.6.2.2　创建路径

（1）点击 Flexsim 建模主界面右侧实体库中"AGV 模块"的"＋"，弹出 AGV 模块系列实体，如图 2.104 所示。

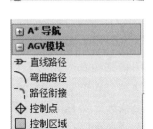

图 2.104　AGV 模块功能图

（2）布局运行路径。用鼠标左键点击"直线路径"实体，在建模区合适位置左键点击一下作为路径的起始位置，然后在该直线的需要结束的位置鼠标左键再点击一下，就会创建一条直线路径。此时的路径是具有自起始位置到结束位置的方向，该方向可以在选中路径的情况下，通过点击右侧快捷栏中的"转换方向"按钮改变路径的方向，也可选中或取消右侧快捷栏中的"双向"复选框，使 AGV 小车在该路径具有或取消双向运行功能。依次创建四条直线路径，如图 2.105 所示。

（3）路径衔接。需用"路径衔接"工具衔接各直线路径。首先，点击鼠标左键，选中 AGV 模块中的"路径衔接"；其次，再依次点击选中需要连接的两条直线路径（选中后直线路径变为黄色），即可完成两直线路径的衔接，两条路径间出现弧形的连接，如图 2.106 所示。右键点击建模区的空白处，即可取消选中功能。

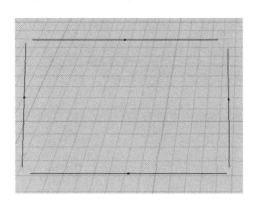
图 2.105　创建 AGV 运行路径直线图

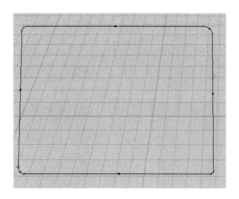
图 2.106　连接后的 AGV 运行路径直线图

2.6.3　添加及连接控制点

（1）模型布局。根据物流系统的要求，AGV 运行路径应处于物体的起始位置和结束位置之间，因此建模时要在 AGV 运行路径的两侧分别放置一个发生器和一个暂存区，发生器和暂存区之间放置一个任务分配器和两个 AGV，并进行正常的 A 连接、S 连接，如图 2.107 所示。

（2）放置控制点。AGV 模块中选中控制点，分别在靠近发生器、暂存区的直线路径上各放置一个控制点。

（3）连接控制点。发生器与其临近控制点及暂存区与其临近控制点均使用 A 连接。连接完成后各出现一条蓝色的连接线。用 A 连接连接控制点与叉车时，会弹出一个功能选择菜单，选中"Traveler AGV"，然后出现一条红色的连接线，表示连接成功。如图 2.108 所示。

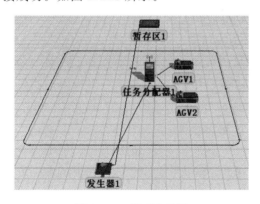
图 2.107　模型布局图

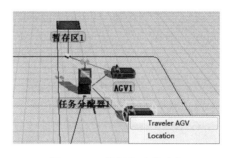
图 2.108　控制点连接叉车

（4）调整参数。双击"发生器"，打开"发生器"参数设置框，在"临时实体流"选项卡中选择"使用运输工具"，将叉车的最大速度调整为"10"。

（5）路径速度设置。右键点击直线，选择"AGV 网络属性"，设置 AGV 网络路径速度。众多参数可在此属性界面进行设置，适量调整加速度、减速度、前进速度、后退速度，如图 2.109 所示。

图 2.109　AGV 网络路径速度设置图

　　AGV 运行速度将受到 AGV 本身和 AGV 网络路径系统设定速度的限制。该案例中将其调整为"1"，以便观察运行状况。

2.6.4　运行模型

　　1. 问题描述

　　运行模型时出现死锁问题，如图 2.110 所示。

　　2. 分析问题

　　处于发生器处第一辆 AGV 请求暂存区处的决策点，而该决策点正被第二辆叉车占用。同样，第二辆 AGV 请求发生器处的决策点，而该决策点正被第一辆叉车占用。

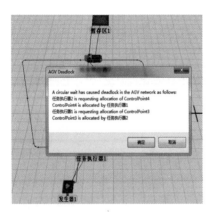

图 2.110　死锁信息提示

　　3. 解决方案

　　（1）添加一个额外的决策点。增加至少一个潜在的停留点，使 AGV 不必去请求一个阻塞的决策点。

　　（2）重置并运行模型。模型正常运行，但存在彼此等待的情况，如图 2.111 所示。

　　Flexsim 具有自动探测死锁功能，该功能默认状态处于开启状态。鼠标右击"AGV 路径"或"决策点"，选择"AGV 网络属性"，切换到"常规"选项卡，勾选或取消"检测死锁"。检测死锁需要额外的计算，测试完毕后可取消该功能。

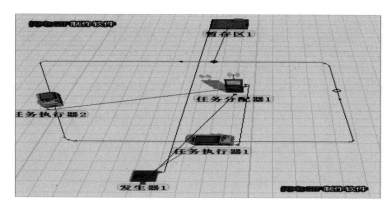

图2.111　优化前模型运行图

2.6.5　优化模型

（1）框选所有决策点。

（2）鼠标左键点击任意一个决策点。

（3）选择右侧快捷属性中的释放分配类型，在菜单选项中选择"Deallocate When Past current"。所有决策点中的应用均更改。

（4）重置、运行模型，看到模型中AGV小车运行流畅，不存在等待情况。

本　章　小　结

本章阐述了Flexsim 2019基本特点、软件安装及启动常遇问题的解决，以案例为载体，较为详细地讲解了发生器、暂存区、处理器、合成器、操作员、叉车、任务分配器等常用建模实体的含义及基本参数设置，还系统地讲解了全局表的创建及基本运用，还通过创建仪表盘反映实体运行效果，设置仿真时间以便于对比控制模型仿真运行，导出仿真数据进行分析，设置网络路径使模型仿真更加有效，并针对现代物流系统中常用的AGV仿真进行了讲解。为进一步深入自学物流系统、研究生产物流、仓储、配送、分拣等物流系统仿真奠定了基础。

思　考　与　习　题

1. 如何在建模区创建模型实体？

2. Flexsim建模常用的连接方式有哪几种？各自的使用前提条件是什么？

3. 如何设置才能够让发生器均匀产生五种类型的临时实体？该五种类型的临时实体默认类型编号和颜色分别是什么？

4. 如何设置产生临时实体的速度？

5. 如何设置临时实体的颜色？列出在On Creation和On Exit编辑框中设置临时实体颜色等属性的区别。

6. 如何运用Case语句设置不同的临时实体进入不同的输出端口？

7. 如何创建、修改全局表？如何设置模型运行时间？

8. 如何导出模型运行数据？如何创建反映模型运行状况的仪表？

9. 简述合成器输入端口连接特点和合成器的基本功能。

10. 简述合成器如何根据全局表的内容更新打包组合。

11. 创建一个包含 AGV 实体的基本物流模型。

第3章 生产物流系统建模仿真

导 读

为适应市场经济发展,多品种、小批量的生产公司在转型升级同时不断进行流程再造。应用仿真技术实现流程优化受到越来越多公司的关注。本章通过应用Flexsim 2019 软件对某棉纺公司后纺生产车间物流系统进行建模仿真,深度学习模型布局、连接、参数设置等仿真技术,并探讨应用仿真技术找出生产线的瓶颈,优化模型,为生产物流系统优化提出有效方案。

3.1 生产物流系统简介

3.1.1 基本概念

物流系统主要应用于两个领域:一个是流通物流,也称社会物流、大物流,属于宏观物流范畴。宏观物流系统的重要性在于可以很大程度地影响国民经济效益。另一个是生产物流,主要指公司物流,属于微观物流范畴,包括采购物流、生产物流、销售物流直至回收物流整个过程的物料流动。

从公司的原材料、外购件购进入库起,直到公司成品库的成品发送为止,这一全过程的物流活动称为生产物流。它包括从原材料和协作件的采购供应开始,经过生产过程中半成品的存放、装卸、输送和成品包装,到流通部门的入库验收、分类、储存、配送,最后送到客户手中的全过程,以及贯穿于物流全过程的信息传递。

生产物流是指公司在生产工艺中的物流活动,是与整个生产工艺过程伴生的,实际上已构成了生产工艺过程的一部分。生产物流的概念从不同的角度分析可以有不同的定义。

1. 基于生产工艺角度分析

从生产工艺角度分析,生产物流是指公司在生产工艺过程中的物流活动,即物料不断离开上一工序进入下一工序,不断发生搬上搬下、向前运动、暂时停滞等活动。其流程是原材料、燃料、外购件等物料从公司仓库或公司的"门口"进入生产线的开始端,再进入生产加工过程并借助一定的运输装置,逐个环节地流动,在流动的过程中本身被加工，同时产生一些废料和余料，直到生产加工终结，再流动至仓库。

2. 基于物流范围分析

从物流范围角度分析，公司生产物流的边界起源于原材料、外购件的投入，止于成品仓库。它贯穿生产全过程，横跨整个公司，其流经的范围是全厂性、全过程的。物料投入生产后即形成物流，并随时间进程不断改变自己的形态和场所位置。

3. 基于物流属性分析

从物流属性角度分析，生产物流是生产所需物料在空间和时间上的运动过程，是生产系统的动态表现，即包括原材料、辅助材料、零配件、在制品、成品在内的物料经历生产系统各个生产阶段或工序的全部运动过程就是生产物流。

所谓生产物流是指从工厂的原材料购进、车间生产、半成品与成品的周转直至成品库中成品发送的全过程中的物流活动。在整个制造系统中循环反复流动。生产物流担负运输、储存、装卸物料等任务。生产物流系统可以保障生产制造的顺利进行。随着科学技术的进步和管理理论的成熟，生产制造过程中的自动化、柔性化程度越来越高，生产规模越来越大，对生产物流系统的要求也越来越高。

4. 生产方式的分类

（1）推动式。传统的生产公司往往是推动式生产，市场部根据调查分析需求，然后逐层分析，得到初步的生产计划，分别告知采购部门以及生产作业部门，制订详细采购计划，维护生产的正常运作。但是整个过程中部门之间相互独立、相互推动，完成计划式生产。为了保证生产计划能够保质保量按时交付，他们往往更加注重于自己所在部门的工作效率，会对各自的部门进行优化，从而造成整个流程会出现效益背反现象。

为了稳定市场份额，要保证在生产过程中所有的在制品都能准时交货，这就需要对半成品以及零件的库存精确计算。分析出具体的生产周期时间。同时也耗费了大量的资源。生产计划的调整与公司的利益息息相关。例如为了保证生产任务进行紧急生产或加班，所有的前期不充分的生产活动都会付出高昂的成本作为支撑。库存过高也会影响公司正常的资金运作，对于库存管理又增加了不必要的管理费用。搬运环节又影响了产品的质量造成不同程度的损失。推动式生产会造成不同工序的半成品积压，因此生产中各个环节的资源浪费也会必然存在。

（2）拉动式。拉动式生产满足丰富的精益生产模式。与传统的推动式生产不同的是，传统生产模式是将前一个工序的零部件交给下一工序去完成。而拉动式生产则是根据后一项作业需要多少生产而制定相应的零部件。因而，在各个作业之间生产物流信息的传递中，看板发挥了巨大作用。

拉动式生产有以下几个特点：

首先，拉动式生产是内部后一道工序拉动前一道工序的生产。在社会环境的运作中，抛开企业的生产系统，企业根据市场需求拉动自己的生产。

其次，拉动式生产有几项生产目标，杜绝浪费就是很大的突出点。生产过程中不必要的装卸搬运、等待、加工、过多的库存以及设施设备的损害都要尽量杜绝。

拉动式生产有效降低制造以及管理成本，同样拉动式生产使得生产周期也随之减少，但是对于生产平衡要求较为严苛。拉动式生产模式在于其在有流动的基础上寻求效益稳定点。"精益原则"需有流动才能进行拉动，生产运作的三流合一更能够让价值流动并产生拉动价值，保证拉动式生产的持续流动生产。在生产系统中同样会存在各种预测不准导致拉动生产的效率低下，例如生产计划不准确、配送、物料、生产设备达到瓶颈、运输效率、设施设备等都会影响拉动生产进而影响公司的效益。

3.1.2 仿真特点

对现代生产物流系统进行仿真，其目的是通过仿真了解物料运输、存储动态过程的各种统计、动态性能。如各种设备的处理能力配套是否满足实际，运输设备的利用率是否合理，输送路线是否通畅，物料流经系统的周期是否过长等。但由于现代生产物流系统具有突出的离散性、随机性的特点，因此，人们希望通过对现代物流系统的计算机辅助设计及仿真研究，将凭经验的猜测从物流系统设计中去除，使物流合理化，进而提高公司生产效率。

生产物流系统有别于其他系统，主要体现在以下几点：首先，采购部门所购入的原料、零部件等按照生产时间顺序安排入库，做好清点管理的工作；其次，在厂内所有的产品在转送到流水线上或者相对应的暂存区都包含了搬运、存储以及在不同工序上的流通加工的产品流动；最后，根据流水线的进程，按照所有串联以及并联的工序流程完成加工工作，同时将随之产生的残次品、废料进行处理，产成品转入成品仓库。

公司的生产过程实质上是将每一个生产加工过程"串"起来时出现的物流活动。合理组织生产物流活动，使生产过程始终处于最佳状态，是保证公司获得良好经济效益的重要前提之一。要想合理组织生产物流，就要了解生产物流的特性。

1. 连续性

连续性是指物料总是处于不停地流动中，包括空间上的连续性和时间上的连续性。空间上的连续性要求生产过程各个环节在空间布置上合理紧凑，使物料的流程尽可能短，没有迂回现象。时间上的连续性要求物料在生产过程的各个环节的运动，自始至终处于连续运行状态，没有或很少有不必要的停顿或等待现象。

2. 比例性

比例性是指生产过程的各个工艺阶段之间、各工序之间在生产能力上要保持一定的比例，以适应产品制造的要求。比例关系表现在各生产环节的工人数、设备数、生产速率、开动班次等因素之间的均匀协调和适应，比例是相对的、动态的。

3. 节奏性

节奏性是指在生产过程的各个阶段，从来料加工到产品入库，都能保持有节奏的均衡进行。其要求在相同的时间间隔内生产大致相同数量或递增数量的产品，避免前松后紧的现象。

4. 柔性

柔性是指生产过程的组织形式要灵活，能及时适应市场的变化，满足市场发生的新需求。通常称柔性为适应性，即生产物流系统对生产工艺流程变动的反应程度。

加工生产线是典型的离散事件系统。离散事件系统的时间是连续变化的，而系统的状态仅在一些离散的时刻上由于随机事件的驱动而发生变化。由于状态是离散变化的，而引发状态变化的事件是随机发生的，离散事件系统的模型很难用数学方程来描述。因此，可以根据生产线和装配线各自的主流产品信息、车间空间信息、设备信息和布置设计的要求，进行生产线设备布局设计，然后利用对象类库建立生产系统仿真模型。

生产线规划设计与布局主要是确定生产线的规模、构成和布局，包括加工设备的类型和数量的选择与布局、物流系统的选择与设计、有关辅助设备的确定、系统布局设计等。这些任务之间是相互关联的，其中物流系统的设计是核心，设备的类型和运输方式决定了系统布局的形式，并对控制系统体系结构和系统控制策略的设计产生重要的影响。

生产物流系统仿真模型是对生产物流问题的直观描述。在生产规划设计与布局的基础上，根据仿真实验框架利用已建好的类库，从类库中直接选取并拖动对象放到建模区的相应位置上，通过连接这些对象，即建立对象之间的输入/输出连接关系，设置必要的参数就可以构建一个系统的仿真模型，从而实现生产物流系统建模仿真。

3.1.3　仿真的步骤

（1）确定仿真目标。针对所关心的问题不同，建立的系统模型、设定的输入变量、输出变量等都各不相同。因此，在进行系统仿真时，要确定仿真的目标，即仿真要解决的问题，是进行系统调研来确定仿真的依据。

（2）系统分析及抽象简化。系统分析的目的是深入了解系统的结构、生产流程、各种建模所需参数等，以便建立准确、完整的物流系统仿真模型。

由于现实的生产物流系统比较复杂，在仿真技术的运用中，许多环节是没有办法实现的。因此，应该根据系统仿真的目标对物流系统进行抽象和简化，将主要因素以及与研究问题相关的要素保留，将其余无关的或关联性不强的要素舍弃，使得描述的系统精简扼要，这样可以降低仿真模型构建的难度。例如对生产系统的生产效率进行分析的时候，产品的残次品率可以忽略不计，人力资源也可以不作为考虑的重要因素。同时，应该设定一定的仿真约束或前提条件，保证仿真模拟出的系统与现实系统在功能上保持最大程度的一致，减少误差。例如对工作时间、机器故障率、物流路径等参数进行限制。

（3）系统模型建立。系统由许多子系统所构成，每个子系统之间相互联系、相互制约，共同实现系统功能。同时该系统也是另一个更大、更高级系统的子系统。因此，在对生产物流系统进行仿真建模时，应遵循的思路是：围绕仿真目的，首先对子系统建模，然后再对整个系统建模，即由分到总。每个子系统之间都存在一定的逻辑关系，按照对应的关系将各个子模块衔接组合，形成整个生产物流系统的仿真模型。

通常将生产物流系统模型划分为物理模型子系统、逻辑控制模型子系统、信息处理及分析模型子系统。在每个子系统模块下又包含许多的子模块。其中物理模型子系统主要包括仓储模块、加工模块、缓冲区以及搬运设备模块等。它们构成了仿真模型的实体框架部分。逻辑控制模型子系统主要包括仿真钟、功能控制模块、语言编程模块等。它们是实现生产物流系统功能的关键。信息处理及分析模型子系统主要包括加工计划、工艺流程、事件记录、数据输入/输出、数据分析等模块。

（4）模型验证及运行。在完成以上各模型子系统的构建之后，将其组合成整个生产系统模型框架，并运行该模型，检验它的性能，通过分析结果来判定模型是否可以如期运行，是否符合真实的系统实际情况。

3.2 生产系统建模仿真案例分析

本节以我国某棉纺企业后纺车间为例进行分析，棉纺行业是我国传统的劳动密集型行业，随着我国人口红利逐步消失，用工成本不断上升，对具有劳动密集型特点的棉纺行业发展提出挑战。同时，为了缓解用电紧张的状况，我国出台了峰谷用电政策。棉纺公司作为用工和用电大户，管理上就要采取新技术安排生产，通过技术和管理的创新来达到降低成本的目的。

由于后纺车间生产及入库过程中存在众多不确定性因素，传统的管理方法无法根据生产变化情况快速、准确地进行综合性预测。因此，需要借助较为先进的计算机建模仿真技术，建立后纺车间生产及入库模型，利用仿真技术快速、准确地仿真实际生产，制定较为理想的生产计划及入库安排方案。

3.2.1 后纺车间生产及入库流程

棉纺公司后纺车间是棉纱生产的最后一个车间，后纺车间的工作流程主要包括络筒和打包入库两个环节。

该车间主要任务是将细纱车间生产的容量较小的管纱通过络筒机的络纱加工，将管纱加工成质量和大小均符合要求的筒纱。为了防止错支和混入异性纤维，完成络筒的棉纱用车辆运到检验设备进行检验，检验完成后被送到产成品存放区分品种存放，等待打包。后纺车间要将筒纱按客户要求进行打包，打包后的产品通过小型运输车辆送入成品库。后纺车间生产及入库基本流程如图 3.1 所示。

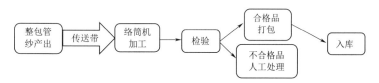

图 3.1 后纺车间生产及入库基本流程

通常情况下，后纺车间作为后加工车间，其生产能力大于作为主机车间的细纱车间的生产能力，每天的工作时间具有一定的弹性，因此合理安排络筒机、叉车、操作员的工作时间，能达到节约用工和降低用电成本的目的。

3.2.2　后纺车间生产系统

本节以山东德州某棉纺公司一条 3 万锭的生产线为研究背景，该公司实行每天三班工作制，每班工作 8 小时，每天工作 1440 分钟。该条生产线细纱车间同时生产 J40、涤棉 45、J60、J80、J100 五个棉纱品种，日产棉纱 5 吨左右。细纱机生产的管纱通过一条公用的传送带送到后纺车间各机台上。后纺车间共有 7 台络筒机，由于 J60 和涤棉 45 棉纱产量较大，在络筒工序各占用 2 台络筒机，J60、J80 以及 J100 各占用一台络筒机。车间实行早、中、夜三班工作制，每班工作 8 小时。车间只有一台打包机，每班需要一名操作员进行打包。

3.2.3　生产工艺参数分析整理

后纺车间每天收到 350 包左右管纱包，每包含 120 个管纱，每个管纱重约 60克，经后纺车间络筒机络成筒纱，每个筒纱重约 1.67 公斤。通常打包时每包 15 个筒纱，每包标准重量 25 公斤，每天打包 200 包左右。公司统一调配搬运工，每天8：00 和 16：00 各办理一次棉纱入库。

由于生产计划和工艺不同，每个品种产出一包管纱和每台络筒机络成一个筒纱的加工时间也各不相同。各品种在细纱工序日均下机产量、每包管纱产出时间间隔、络筒机单个筒纱络筒时间等基本生产数据见表 3.1。

表 3.1　　　　　　　　　　　　　后纺车间基本生产参数

品种	细纱工序日均下机产量/公斤	细纱工序日均下机产量/包	每包管纱产出时间间隔/分钟	络筒机开台数/台	络筒机单个筒纱络筒时间/分钟	平均每天筒纱包数/包	产品类型	纱管及包头标志
J40	1584	220	6.60	2	1.28	63	1	红色
J60	864	120	12.00	1	1.86	34	2	绿色
J80	576	80	18.00	1	3.02	23	3	蓝色
J100	432	60	24.00	1	4.06	17	4	黄色
涤棉 45	1555	216	6.67	2	1.39	62	5	紫色
合计	5011	696	—			199		—

3.2.4　模型布局及连接

1. 实体布局及连接

细纱工序生产的管纱装入管纱包，通过传送带送到后纺车间，将不同的品种管纱倒入对应车位的储备箱中，络筒机将管纱合成指定重量的筒纱，经过检验后，不合格品送入人工处理处，合格品送入筒纱存放区，按照打包要求打包后送入成品包

后纺车间的
模型布局

存放处，由小型运输车辆送入仓库。根据车间设备及操作员配置情况，后纺车间生产及入库模型布局连接如图 3.2 所示。在连接模拟打包器的合成器的输入端口时，要确保输入端口 1 连接的是提供筒纱包发生器，为筒纱包首先进入合成器进行正确设置。

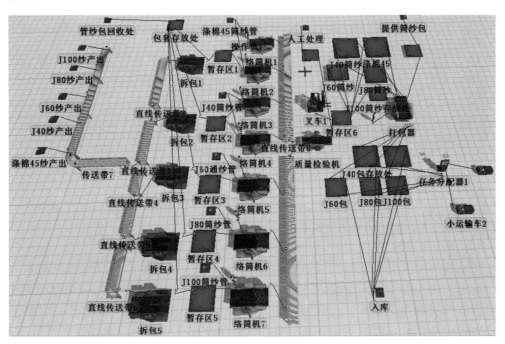

图 3.2   后纺车间生产及入库模型布局连接图

2. 模型实体功能

根据棉纱生产入库流程，模型中主要涉及发生器、传送带、分解器、暂存区、合成器、叉车、操作员、处理器、任务分配器、任务执行器、吸收器等，为了明确实体功能，对模型实体进行了重命名。各模型实体及其功能见表 3.2。

表 3.2   主要建模实体及其功能列表

实体名称	实体类别	功 能 作 用
J40 纱产出	发生器	细纱车间提供品种为 J40 的管纱包。其他品种功能类似
传送带 1~7	传送带	将装有不同管纱的管纱包送入后纺车间的不同车位上
传送带 8~9	传送带	将络筒机下的筒纱送至检验设备，实现逐个检验
拆包 1~5	分解器	把管纱包中的管纱倒出并放入车头管纱存放处
暂存区 1~5	暂存区	模拟络筒机机头管纱存放处
络筒机 1~7	合成器	模拟将管纱加工合成为指定长度或重量的筒纱
操作员 1~7	操作员	操作员 1~7 分别是 1~7 号络筒机的挡车工
J40 筒纱存放处	暂存区	存放品种为 J40 的筒纱。其他品种功能相同

79

续表

实体名称	实体类别	功 能 作 用
质量检验机	处理器	检查筒纱质量是否合格，并将不合格品送往疵品存放处
叉车 1	叉车	将检验完成的筒纱根据其类型送往各自的筒纱存放处
提供筒纱包	发生器	根据打包计划，提供不同品种和数量的筒纱包
打包机	合成器	将指定数量筒纱配成指定重量的筒纱包
J40 包存放区	暂存区	存放品种为 J40 的筒纱包，等待办理入库。其他类似
任务分配器 1	任务分配器	协调叉车 1、叉车 2 的工作
运输车 1~2	任务执行器	负责将筒纱包运送到仓库

后纺车间
模型参数
的设置

3.2.5　参数设置

由于每个建模实体根据实际生产情况都有自己的参数，根据其重要性和复杂性，对部分关键实体的参数进行如下设置。

1. 整包管纱生产

细纱管纱包平均每包 120 个管纱，每包纱到达后纺车间的时间间隔服从指数分布，以 J40 为例，结合表 3.1 中管纱包产出的时间间隔，J40 纱产出发生器参数设置如图 3.3 所示。同时，为了区分各品种管纱包，对存放不同品种管纱的管纱包设置不同的类型和颜色。J40 管纱包类型和颜色的参数设置如图 3.4 所示，其他管纱包类型和颜色的参数设置与其基本相同，如将 J80 棉纱类型设置为"3"。

图 3.3　产出整包 J40 管纱参数设置界面　　图 3.4　J40 管纱包类型和颜色参数设置

2. 传送带输出端口

由于各品种管纱包是通过一条共同的传送带输送到后纺车间的，因此后纺车间要根据管纱包的种类将其输送到不同的车位上。以传送带 7 为例，管纱包到达传送带 7 尾部的离开衔接点时，需要送往两个方向，运用 Case 语句根据管纱包的类型和对应络筒车的位置设置如图 3.5 所示。表示管纱包类型为"1"的 J40 管纱包和类型为"5"的涤棉45管纱包均送往端口1,其余类型的管纱包送往端口2。送往新的传送带上后,运用同样的方法将各品种管纱包类型送到各自对应的络筒机车位上。

3. 拆包

由于实际生产中需要将管纱包中的管纱倒出来后才能在络筒机上进行进一步的加工。该过程需要用分解器进行模拟。由于一个管纱包中有 120 个管纱,再加上一个包套。因此,需要将一包纱拆解成 121 份,其中一份为包套,占比 0.8%,并被送往包套存放处,以备循环使用。管纱则被送到络筒机机头的暂存区,拆包的分解参数设置如图 3.6 所示。

图 3.5 传送带 7 离开衔接点参数设置   图 3.6 拆包的分解参数设置

4. 络筒机

络筒机是后纺车间主要的棉纱生产设备,需要约 28 个管纱加工合成一个筒纱。需要用合成器模拟络筒机,并选择合成模式,根据表 3.1 中单个筒纱络筒时间,J40 络筒机加工时间参数设置如图 3.7 所示。

5. 筒纱包发生器

检验合格后的筒纱需要根据不同的筒纱包套进行打包。由于车间只有一台筒纱打包机,并且打包操作员在筒纱包入库时协助办理入库手续,需要一定的空闲时间。因此,提供筒纱包的时间及数量设置采用到达时间表进行设置,240 分钟循环一次,每班对每个品种实行两轮打包,期望达到合理安排打包人员和及时入库的目的。提供筒纱包发生器的到达方式和到达时间及数量的参数

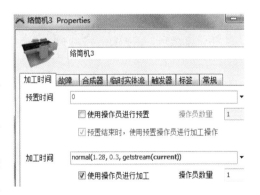

图 3.7 络筒机加工时间参数设置

设置如图 3.8 所示。筒纱包类型和颜色要与到达时间表中各行数相一致,该功能的参数设置如图 3.9 所示。

图 3.8　筒纱包到达方式和到达时间及
数量参数设置

图 3.9　筒纱包类型和颜色的设置

6. 全局表

为实现筒纱包套类型与打包要求相对应，建立了一个 5 行 5 列的全局表。其中，全局表的行对应产品的类型，列对应包套的类型，5 列对应 5 种类型的打包要求。由于每种筒纱包里只有一种类型的筒纱，因此创建的全局表见表 3.3。

表 3.3　　　　　　　　用于更新打包组合的全局表

品种	Col1	Col2	Col3	Col4	Col5
Row1	25	—	—	—	—
Row2	—	25	—	—	—
Row3	—	—	25	—	—
Row4	—	—	—	25	—
Row5	—	—	—	—	25

7. 打包

打包时按照订单要求进行打包。采用合成器模拟打包是合成器的典型运用。合成器参数设置如图 3.10 所示。表示合成器根据输入端口 1 进入的包套类型值，在全局表中找到对应的列，并且用该列数据更新棉纱打包组成清单，合成器根据更新后的打包组成清单进行打包。例如当进入到合成器的托盘类型值为"3"时，合成器的打包清单就要根据全局表的第 3 列的数据进行更新，该案例中，类型为"3"的托盘将用 25 个第 3 行的品种（J80）进行装盘打包，只有装足 25 个该品种的筒纱后该托盘才离开打包合成器，进入筒纱包存放处。

图 3.10　更新打包参数设置

3.2.6　仿真运行

由于公司生产不断变化，一个生产任务安排稳定时间一般小于 10 天，因此设定仿真运行时间为 14400 分钟，运行图如图 3.11 所示。图中"Idle"表示空闲时间占比；"Travel empty"表示空载运行时间占比；"Travel loaded"表示负载运行时间占比；"Offset travel empty"表示空载偏移运行时间占比；"Offset travel loaded"表示负载偏移运行时间占比；"Loading"表示装载货物时间占比；"Unloading"表示卸载货物时间占比；"Utilize"表示操作员有效利用时间占比；图中数据为操作员的工作时间占比。

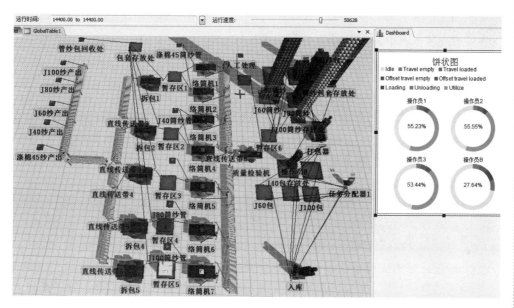

图 3.11　后纺车间仿真生产 10 天的运行图

模型仿真运行 10 天后，设备及操作人员工作状态主要数据见表 3.4。

表 3.4　　　　　　　　后纺车间设备及操作人员工作状态主要数据　　　　　　单位：%

实体名称	空闲率	加工时间占比	收集等待时间占比	等待操作员时间占比	等待叉车时间占比
络筒机 1	0.00	44.75	45.84	6.39	3.01
络筒机 2	0.00	43.88	45.68	7.49	2.95
络筒机 3	0.00	41.46	47.87	7.65	3.03
络筒机 7	0.00	71.35	22.06	4.91	1.68
打包器	0.83	22.95	53.91	0.00	14.53
质量检验机	11.84	88.16	0.00	0.00	0.00
操作员 B	72.36	0.00	0.00	0.00	0.00

3.2.7　生产系统优化

结合模型仿真运行图和运行数据表可以看出，1～3 号络筒机加工时间占比为 40％多，7 号络筒机加工时间占比为 71.35％，均有不少的空闲时间。可以根据空闲时间占比，科学安排络筒机在用电高峰期停车。打包操作员也有较多的空闲时间，说明有时间办理入库手续。由于质量检验机比较忙碌，而且用电较少，可以让质量检验机随时工作。络筒及入库工作在按照该计划安排生产时，能够做到各工序不造成积压，生产流畅。

后纺车间的棉纱加工及入库作业流程虽然不是很复杂，但工作弹性较大。通对后纺车间生产及入库作业系统的建模仿真，可以做到较准确核算各环节工作量，对公司挖潜改造、提升管理起到了重要作用。

本　章　小　结

本章介绍了生产物流的概念、特点、仿真的基本步骤，以某棉纺公司后纺车间为例介绍了其基本生产情况，并以该车间基本生产系统为仿真研究对象，在分析其具体生产情况的基础上，讲解对车间设备、人员进行模型实体布局、连接、参数设置的原理及基本操作，并重点讲解了发生器、传送带、处理器、全局表、合成器等建模实体的参数设置。

思　考　与　习　题

1. 与其他物流系统相比，生产物流系统有什么特点？
2. 一个完整的生产系统，通常包括哪些实体及流程？
3. 简述如何设置发生器，才能根据订单到达时间生产不同类型和数量的产品。
4. 如何设置生产加工设备的工作时间？
5. 如何按比例设置经过设备检验的合格品、不合格品的流向？

第 4 章　仓储系统建模仿真

导　读

　　本章首先介绍仓储系统作业的基本流程，在此基础上以棉纺公司原棉库作业为研究对象，建立基于 Flexsim 2019 的仿真模型。通过讲解调研、分析棉纺公司实际原棉库作业，逐步建立原棉库作业模型，并进行运行分析。锻炼同学们具备系统建模仿真、运行分析及实际应用的基本思路。

4.1　仓储作业流程简介

　　仓储系统指的是产品分拣或储存接收中使用的设备和运作策略的组合。仓储系统的基本要求是满足供给需求前提下，尽量减少存储物资的数量，从而降低存储费用，提高存储系统经济效益。为达到这一要求，在存储管理和运输上必须选择合理的策略。仓储系统是物流系统中一个重要的子系统，其主要构成要素包括储存空间、物品、人员及储存设备等要素。仓储系统是公司系统中一个重要组成部分，仓储系统的好坏直接影响到公司的物流系统，而整个物流系统对公司的正常运行起到至关重要的作用。仓储系统运行的效果如何，取决于仓储系统的设计、现场施工、技术培训和维护保养等情况；其中，仓储系统的设计至关重要；一个好的设计是产生一个好的仓储系统的必要条件。

4.1.1　入库作业

　　仓储作业是指从商品入库到商品发送出库的整个仓储作业全过程。主要包括入库作业、在库管理和出库作业等内容。

　　商品入库作业的整个过程包括商品接运、商品入库验收、货物检验、办理入库手续等一系列业务活动。

　　1. 商品接运

　　商品接运是指仓库对于通过铁路、水运、公路、航空等方式运达的商品，进行接收和提取的工作。接运的主要任务是准确、齐备、安全地提取和接收商品，为入库验收和检查做准备。接运的方式主要有车站码头提货、铁路专用线接车、自动提货和库内提货。

2. 商品入库验收

验收是指仓库与配送中心在物品正式入库前，按照一定的程序和手续，对到库物品进行数量和外观质量的检查，以验证它是否符合订货合同规定的一项工作。

商品验收过程中包括商品验收准备工作、核对凭证、确定验收比例、实物检验、记录及问题的处理等阶段。验收准备包括人员、资料、器具、货位、设备等的准备，其中人员及设备准备包括准备装卸搬运机械、设备及各项检验、验收人员。器具准备包括准备相应的检验工具，并做好事前检查，以及进行收集和熟悉验收凭证等有关资料。最后进行货位准备，即为确定验收入库时商品的存放货位，准备堆码苦垫所需材料。

进口物资或上级业务主管部门指定需要检验质量者，应通知有关检验部门会同验收。入库商品必须具备货主提供的入库通知单和仓储合同；供货单位提供的验收凭证，包括材质证明书、装箱单、磅码单、发货明细表、说明书、保修卡及合格证等；承运单位提供的运输单证，包括提货通知单和登记货物残损情况的货运记录、普通记录以及公路运输交接单等。

3. 货物检验

货物检验包括数量检验、质量检验、包装检验。

（1）数量检验。按商品性质和包装情况，数量检验有 3 种方法，即计件、检斤、检尺求积。

1）计件法：按件数供货或以件数为计量单位的商品，在做数量验收时的件数清点。

2）检斤法：对按重量供货或以重量为计量单位的商品，做数量验收时的称重。

3）检尺求积法：检尺求积是对以体积为计量单位的商品，如木材、竹材、沙石、金属等，先检尺，后据密度求体积所做的数量验收。

凡是经过数量检验的商品，都应该填写磅码单。在做数量验收之前，还应根据商品来源、包装好坏或有关部门规定，确定对到库商品是采取抽验还是全验方式。对于大批量、同包装、同规格，较难损坏的物品，质量较高、可信赖的可以采用抽验的方式检验，比例控制为 $5\% \sim 15\%$。但是在抽查中发现不符合要求的物品较多时，应扩大抽查范围，甚至全验。对于小批量、包装规格不统一、价值大、梅雨季节生产、技术不稳定、入库前存储时间较长或已发现有部分变质的物品，全部应采用全验的方式。

（2）质量检验。质量检验包括外观检验、尺寸检验、机械物理性能检验和化学成分检验 4 种形式。仓库一般只做外观检验和尺寸检验，后两种检验如果有必要，则由仓库技术管理职能机构取样，委托专门检验机构检验。

（3）包装检验。凡是产品合同对包装有具体规定的要严格按规定验收，对于包装的干潮程度，一般是用眼看、手摸方法进行检查。

4. 办理入库手续

入库手续主要是指交货单位与库管员之间所办理的交接工作。其中包括：商品的检查核对，事故的分析、判定，双方认定，在交库单上签字。仓库一方面给交货单位签发接收入库凭证，并将凭证交给会计、统计入账、登记；另一方面安排仓位，提出保管要求。

（1）交接手续。交接手续包括接收物品、接收文件和签署单证，其中签署单证指的是向供货单位表明货物已经签收，若有短缺则是货主与供货单位交涉的依据。

（2）登账。建立实物保管明细账（包括名称、规格、数量、件数、累计数或者结存数、存货人或提货人、批次、金额等），遵循"一物一页"原则。

（3）立卡。货物入库或上架后，将货物名称、规格、数量或出入状态等内容填在物料卡上，成为立卡。

物料卡又称为货卡、货牌、料签、料卡等，插放在货架上货物下方的货架支架上或摆放在货垛正面明显位置。料卡按照其作用，可以分为货物状态卡、商品保管卡。货物状态卡表明货物所处的业务状态和阶段，可以分别被设置为待检、待处理、合格、不合格等状态。商品保管卡又可分为标识卡和存储卡，标识卡表明货物名称、规格、供应商、批次等，存储卡主要用于表明出入库状态。

4.1.2　商品储存

1. 定位储存

定位储存是指每一项商品都有固定的储位，商品在存放时不可互相串位。针对不同物理、化学性质的货物必须控制不同的保管储存条件，或防止不同性质的货物互相影响，重要物品必须重点保管。这种方式适合多品种、少批量货物的存储。在采用这一储存方法时，必须注意每一项货物的储位容量必须大于其可能的最大在库量。采用定位储存方式易于对在库商品管理，提高作业效率，减少搬运次数，但需要较多的储存空间。

2. 随机储存

随机储存是根据库存货物及储位使用情况，随机安排和使用储位，各种商品的储位是随机产生的，适用于储存空间有限以及商品品种少而体积较大的情况。由于共同使用储位，提高存储区空间的利用率，增加货物出入库管理及盘点工作的难度。周转率高的货物可能被储放在离出入口较远的位置，可能增加出入库搬运的工作量；有些可能发生物理、化学影响的货物相邻存放，可能造成货物的损坏或发生危险。

3. 分类储存

分类储存是指所有货物按一定特性加以分类，每一类货物固定其储存位置，同类货物不同品种又按一定的法则来安排储位。商品相关性大，进出货比较集中，货物周转率差别大，商品体积相差大，便于按周转率高低来安排存取，具有定位储存的各项优点；分类后各储存区域再根据货物的特性选择储存方式，有助于货物的储存管理。分类储存的缺点是储位必须按各类货物的最大在库量设计，因此储区空间平均使用率仍然低于随机储存。

4. 分类随机储存

分类随机储存是指每一类商品有固定的存放储区，但各储区内每个储位的指定是随机的。其优点是具有分类储存的部分优点，又可节省储位数量，提高储区利用率。因此，可以兼有定位储存和随机储存的特点。分类随机储存的缺点就是货物出入库管理特别是盘点工作较困难。

5. 共同储存

共同储存是指在知道各货物进出仓库确定时间的前提下，不同货物共用相同的储位。这种储存方式在管理上较复杂，但储存空间及搬运时间更经济。为了便于管理，通常对商品采取编码的方法。

（1）商品编码方式。商品编码方式包括顺序编码和赋义编码，顺序编码又称流水号编码，从 0 或 1 开始，赋义编码则赋予编码一定含义，商品编码的方法包括阿拉伯数字法、英文字母法和暗示法。下面就以两个例子来具体讲解编码的含义，例如 FO4915B1，其中 FO 表示食品类（food），4915 表示 4×9×15，尺寸大小，B 表示 B 区，商品存储区号 1 表示第一排货架；BY26WB10，其中 BY 表示自行车（bicycle），26 表示大小型号为 26 号，W 表示白色（white），B 表示小孩型（baby），10 表示供应商的代号。

（2）货位编码。在商品保管过程中，根据储位编号可以对库存商品进行科学合理的养护，有利于对商品采取相应的保管措施；在商品收发作业过程中，按照储位编号可以迅速、准确、方便地进行查找，不但提高了作业效率，而且减少差错。通过货位编码能够及时登账和进行计算机的输入，同时当货位发生变化时，能够及时改变编码，在进行货位编码的时候为了提高货位利用率，同一货位可以存放不同规格商品，但需配备区别明显的标志以免产生误差。

（3）区段编码。区段的区域的大小根据物流量大小而定，区段编码适用于单元化、量大、保管期短的物品。

4.1.3 商品盘点与检查

在仓储作业过程中，商品不断地入库和出库，在作业过程中产生的误差经过一段时间的积累会使库存资料反映的数据与实际数量不相符。为了对库存商品的数量进行有效控制，并查清商品在库房中的质量状况，必须定期对各储存场所进行清点作业。盘点方法包括账面盘点法和现货盘点法，其中现货盘点法又包括期末盘点法和循环盘点法。

1. 账面盘点法

账面盘点法是将每一种商品分别设立存货账卡，然后将每一种商品的出入库数量及有关信息记录在账面上，逐笔汇总出账面库存结余数，这样随时可以从计算机或账册上查悉商品的出入库信息及库存结余量。

2. 现货盘点法

（1）期末盘点法。一个小组通常至少需要三人分别负责清点数量并填写盘存单，复查数量并登记复查结果，核对前两次盘点数量是否一致，对不一致的结果进行检查。

（2）循环盘点法。循环盘点法通常对价值高或重要的商品检查的次数多，而且监督也严密一些。在盘点结束之后要对盘点的结果进行处理，处理的手段包括：若账货差异在允许范围内，由仓库负责人审核、批准核销，若超出范围，需查明原因，一般有磅差、保管损耗、计量差错等；对废次品、不良品减价的部分，视为盘亏；针对库存周转率低、所占金额大的商品应设法降低库存；盘点完成后，对各种结果应及时处理；账外物品（未经正式入账或已核销待运的在库商品）应与库存商品及时区分。

4.1.4　出库作业

发运是商品储存阶段的终止，也是仓库作业的最后一个环节，它由仓储部门与交货部门以及商品使用单位直接发生关系。商品出库必须依据由库管或货主开具的商品调拨通知单。任何情况下，仓库都不得擅自动用、变相动用或外借库存商品。商品在进行出库作业的同时要做到"三不三核五检查"，"三不"指未接单据不翻账、未经审核不备货、未经复核不出库；"三核"即核实凭证、核对账卡、核对实物；"五检查"即对单据和实物要进行品名检查、规格检查、包装检查、件数检查、质量检查。

4.2　原棉库作业建模仿真案例分析

本节以我国某棉纺公司原棉库作业流程为例进行分析，棉纺行业是我国的传统支柱行业，在国际上具有较强的竞争力。要实现全面建设纺织强国的目标，就要从各个方面提升该行业的技术水平和管理水平。棉纺公司原棉储备是公司生产经营的一个重要环节，必要数量的原棉储备是保证生产正常进行的必要条件。棉纺公司生产经营管理的特点决定了原棉库既要存放对外采购的各种皮棉和化纤，又要存放生产过程中产生的暂时不用的回花、再用棉、回丝、下脚等副产品。但是，由于原棉仓库管理受仓储空间、公司资金占用等条件的限制，不可能存放过多的原料品种和数量。因此，在正常生产经营的情况下，原棉库管理既要做到合理布局各种原料及副产品的存放地点，又要科学控制原料品种和数量，通过优化管理及工作流程，达到降低公司经营成本的目的。而传统的管理方法面对原棉库复杂的作业流程难以提高物料搬运作业效率，需要借助较为先进的计算机建模仿真技术，建立原棉库物流作业仿真模型，通过输入仓库日常作业参数，并通过运行仿真模型，分析系统缺陷，提出改进措施，验证改进措施的效果，找到较为科学的原棉库日常管理及作业流程方案。

4.2.1　系统介绍

本节以棉纺公司较多的山东德州某棉纺公司为研究背景。该公司有十万纱锭，纯棉纱线以 J60 支纱和 J40 支纱为主，比较侧重新产品开发。公司原棉库容量较大，占地 3000 平方米左右，原棉库距离前纺车间 200 多米。仓库主要用于存放本公司生产用的纯棉原料、莫代尔、涤纶、粘胶等原料，有时还存放回花、回丝、再用棉等副产品及用于经营性周转的原棉。各原料按照产地、等级等要求严格进行分类分等级堆码存放。由于库存容量较大，原料及副产品的存放比较松散。每天送往车间的原棉，是由专门的装卸工按照车间领料计划用叉车运送到前纺车间分集室，原棉库和前纺车间各有一个专门的原料进出口。装卸工不但负责原棉库中原料的装卸搬运，同时又承担棉纱出入库的装卸搬运、副产品出入库的装卸搬运以及翻库工作，工作内容比较复杂，难以定时量化安排工作，以往工作是根据每天的需求计划做粗略安排，时间衔接不紧凑，工作效率低。需要采用新的方法优化工作流程，达到科学用工和提升工作效率的目的。

原棉库模型的布局和连接

4.2.2 模型布局

针对原棉库存系统的作业流程，将整个原棉库存的作业流程分为入库作业、在库管理、出库作业三大部分。其中，原棉库入库作业主要是装卸、搬运、码垛外购的皮棉、涤纶、粘胶、莫代尔、天丝等原料。其中，皮棉主要包括 C133、C131 和 C230。另外，生产过程中产生的不再回用的回花、再用棉以及回丝、下脚也要办理入库。

在库管理作业部分主要体现为如何控制和布局存放各种原料，做到安全和方便使用。公司将原棉仓库根据原料的功能、用途、质量等级分为 9 个存放点，用于存放生产用原料、生产中的副产品和周转经营用原料。而且根据风险及成本控制的需要，原料的库存量有一定的上下限控制。

出库作业部分的主要日常工作就是根据前纺车间领料计划，结合配棉工艺要求，合理地组织原棉配送工作，及时保质保量地把原料送到前方车间分集室，并按配棉要求做好配棉排队。为完成这些基本工作，所用建模实体及其功能见表 4.1。

表 4.1　　　　　　　　　　　　　建模实体及其功能列表

实体名称	实体类别	功 能 作 用
原料到达	发生器	按照采购计划产生指定数量的原料
副产品产出	发生器	按照一定的规律产生回花、再用棉、回丝、下脚等
车间领料量	发生器	对应配棉工艺，产生指定数量和类型的包装物，代表车间的领料计划
C133、C131、C230	货架	分别存放入指定等级的原棉并控制在一定数量范围
涤纶 T、粘胶 R、莫代尔 M、天丝 Ts	货架	分别存放外购的涤纶、粘胶、莫代尔、天丝等原料，并根据需求将原料数量控制在一定范围
回花下脚区	货架	用于存放车间不再使用的回花、再用棉、回丝、下脚
等待入库	暂存区	外购原料在此等待入库，缓冲原料集中到达造成堵塞，防止所需原料不能及时入库
任务分配器1	任务分配器	接受任务信息，协调各人员、车辆配合工作
叉车 1、2、3	叉车	按照任务分配器的要求，完成装卸、搬运任务

续表

实体名称	实体类别	功 能 作 用
合成器 1	合成器	按照配棉工艺要求将不同等级的原棉组合在一起
配棉暂存区	暂存区	车间分集室暂时存放 40 支、60 支配棉和涤纶、粘胶、莫代尔、天丝配棉原料的地方
副产品	暂存区	车间产出的回花、下脚等副产品打完包后的暂存地点
进入生产车间	吸收器	各种原料以配棉的形式进入到车间生产线中
副产品销售	吸收器	原棉库中最终确定不用的副产品销售后离开原棉库

按照原棉库的原料空间存放情况及日常作业流程，启动 Flexsim 并将长度计量单位选定为"米"，时间计量单位选定为"分钟"，确定后，通过用鼠标拖曳实体库中的相应的建模实体，并结合红选等快速布局的方法，根据实体的功能，对部分建模实体进行了重新命名，形成原棉库存系统空间布局模型图，如图 4.1 所示。

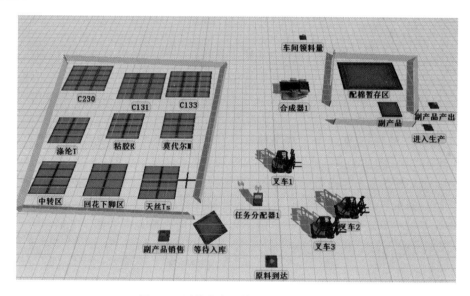

图 4.1　原棉库存系统空间布局模型图

4.2.3 模型实体连接

原棉库存系统模型实体之间的内在联系需要通过 A 连接、S 连接才能正确建立起来。根据模型实体的连接规律，发生器、暂存区、货架、合成器、吸收器等属于固定类实体，它们之间需要按照物料的流向进行 A 连接；任务分配器与叉车均属于任务执行类实体，因此它们之间也要进行 A 连接，且由任务分配器向叉车连接；而模型运行中各个临时实体的搬运需要叉车，因此各个建模实体通过 S 连接连接任务分配器调用叉车。连接情况表明了临时实体的运行路径和建模实体之间的有机联系。原棉库存模型实体连接图如图 4.2 所示。

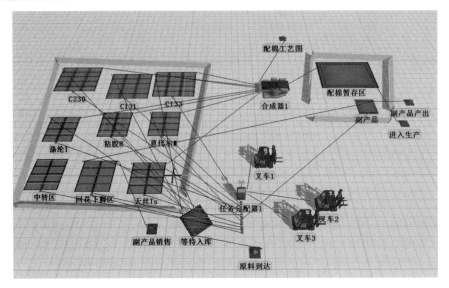

图 4.2　原棉库存模型实体连接图

1. 网络路径

实际工作中，为了原棉库的安全和便于管理，车辆只能通过一个固定院门进出原棉库。该院门口就成了叉车进出原棉库的必经之地，需将该处设为网络节点的中心节点，仿真运行时所有车辆必须通过该中心节点。并且各车辆通过中心节点到达各原棉存放处的路线也不是直线，车辆需要通过各个堆垛之间的空间进行搬运货物。因此，通过用鼠标右键点击"网络路径"中的绿色箭头，在弹出的菜单中选取"Curved"调节弯曲度选项，拖曳弹出的黑色调节点，修改中心节点到各二级节点之间路线弯曲度，使仿真车辆沿着更加符合实际情况的路线行驶。为了更清晰地反映网络路径的连接情况，通过取消选中模型右侧快捷属性栏作业模式中的"显示连线"前的复选框，模型将不显示 A 连接、S 连接。叉车运行网络路径图如图 4.3 所示。

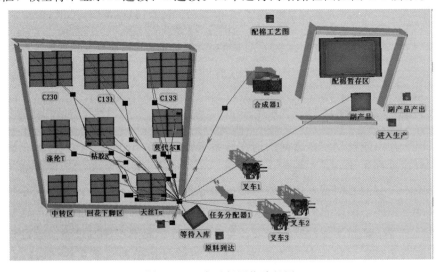

图 4.3　叉车运行网络路径图

2. A 连接部分

A 连接通常反映了物料的流动路线。进行 A 连接的部分示意图如图 4.4 所示，固定资源类实体通过 A 连接显示了原棉这一临时实体的物流路径。

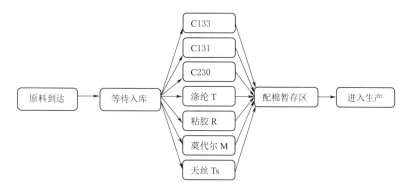

图 4.4　进行 A 连接的部分示意图

3. S 连接部分

由于工作量较大，公司安排了较为固定的 3 辆叉车主要负责购进原料的卸车、搬运、码垛以及向前纺车间配送原料，并将车间产出的不再回用的副产品运送到原棉仓库等待处理。因此，无论是作为临时存放原料、副产品的暂存区，还是存放原棉的货架，它们都需要与任务分配器通过 S 连接建立联系，以便按照一定的规则调用叉车搬运物料。连接完成后的原棉库模型如图 4.5 所示。

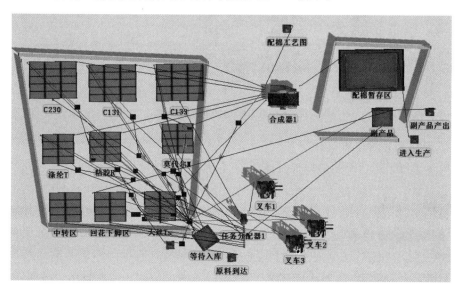

图 4.5　连接完成后的原棉库模型图

4.2.4　参数设置

模型参数设置涉及面广，逻辑性强。

原棉库模型的参数设置

1. 原料到达发生器

公司每月消耗各种原料 1200 吨左右，为了控制成本，防止原料供应的不足和浪费，公司采购原料时通常是根据产品订单每月分 3 次采购。因此，在原料到达"发生器"的属性界面中，根据公司原棉到达时间及采购计划数量，将"到达方式"设置为"到达时间表"，而对两个循环时间中某个时间段没有原料到达的情况，该模型巧妙地将该时间段原棉到达数量设置为"0"，如图 4.6 所示。为了定义各种原料的类型和颜色，在"触发器"界面，添加"On Creation"项，选择"设置临时实体类型和颜色"，在弹出的"设置临时实体类型和颜色"窗口中点击"临时实体类型"编辑框右侧的下拉菜单，在弹出的功能菜单中选择"rownumber"，即根据"到达时间表"的行数定义原料的类型和颜色，如图 4.7 所示。

图 4.6　原料到达时间设置界面

2. 配棉表的创建及模拟

搬运工每天送往车间的原棉是按照车间的原棉领料计划进行配送的。每种配棉都有自己的固定组成成分，按照工艺排队的原棉就是一个配棉整体。为此，首先需要创建一个全局表，全局表的每一列代表着一种配棉，每一行表示该原料在一队配棉中的原料包数量。根据公司现生产中的 6 种配棉涉及 7 种原料的情况，创建了一个 7 行 6 列、表名为"GlobalTable1"的全局表，将配棉数据填入表中，如图 4.8 所示。

图 4.7　原料类型定义设置界面

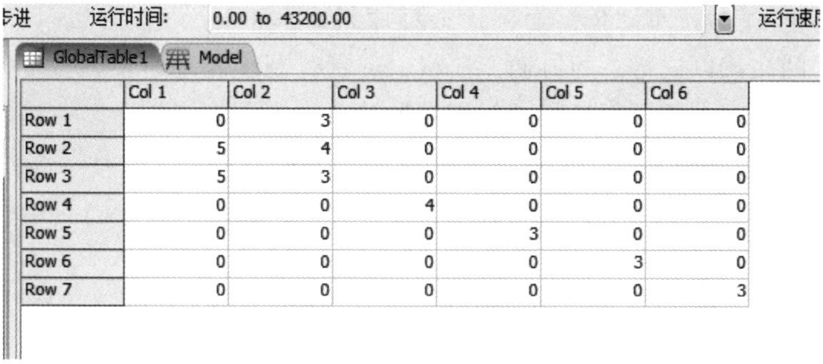

	Col 1	Col 2	Col 3	Col 4	Col 5	Col 6
Row 1	0	3	0	0	0	0
Row 2	5	4	0	0	0	0
Row 3	5	3	0	0	0	0
Row 4	0	0	4	0	0	0
Row 5	0	0	0	3	0	0
Row 6	0	0	0	0	3	0
Row 7	0	0	0	0	0	3

图 4.8 对应配棉组成的全局表设置

3. 车间要货量

车间计划人员每天需根据生产情况向原料管理部门提供准确的以"队"为计量单位的配棉领料数量。模型中每天各配棉的领料时间及数量用车间领料量发生器到达时间表进行表示，如图 4.9 所示。该表详细地列示了各配棉到达车间的时间及领用数量，针对夜班期间不领料情况将该时间段的领料量设置为"0"。领料单中每种配棉的类型则根据到达时间表的行数进行定义，最终生成 6 种配棉，与全局表的列数相同。

4. 生成配棉

生成配棉就是模型根据配棉工艺将一种或几种原料按规定的要求组合成一个整体。模型中采用合成器完成配棉组合，在合成器的输入端口中，将输入端口 1 连接到车间领料发生器上，点击"触发器"的"On Entry"进入触发设置中选中"更新合成器组合列表"。合成器将根据车间领料单发生器中产生的配棉类型，在全局表"GlobalTable1"中找到对应的列并按该列配棉数据更新合成器组合列表。合成器"触发器"选项卡进入触发调用全局表的设置如图 4.10 所示。

图 4.9 车间领料量明细对应表

图 4.10 合成器参数设置

5. 库存量控制

原棉库存系统还要承担对各种原料库存量控制预警的功能。如 C230 原棉的库存量大于 1000 包而仍要入库时，需经公司总经理批准系统才能允许入库。同理，当库存量小于 50 包，车间仍需要领用该种原料时，也要公司总经理批准，这样引起公司高层的注意以进行总的协调。模型中进货控制功能是通过设置货架的触发事件得以实现的。首先选择货架的"触发器"选项卡，再点击"＋"，在弹出的"＋"功能菜单中选择"On Entry"（进入触发），再点击"On Entry"编辑框右侧的"＋"，在弹出的功能菜单中依次点击"实体控制""关闭和打开端口"，随即弹出条件设置界面，在"操作"编辑框中选择"closeinput"（关闭进入端口），在"条件"编辑框中输入"content（current）≥＝1000"，即满足当前临时实体的数量大于等于1000，其参数设置如图 4.11 所示。该参数表示当满足临时实体的库存量大于等于1000 包时，关闭进入端口，该种原料不允许进货。出货控制功能是通过设置"＋"功能菜单中的"On Exit"（离开触发）参数得以实现，其设置过程与"On Entry"设置基本相同，如图 4.12 所示。表示当库存量小于等于 50 包时，关闭输出端口，该种原料不允许出货。通过进出货架触发事件的设置即可实现库存控制功能。

图 4.11 货物进入仓库参数设置   图 4.12 货物离开仓库参数设置

4.2.5　仿真运行及系统分析

1. 仿真运行

叉车对原棉库作业能否顺利进行起着重要作用。为了方便观察叉车的运行状况，创建饼状图仪表以便及时反映 3 辆叉车的运行状况。将模型仿真运行时间设定为一个月（43200 分钟），仿真模型基本上能客观反映出原棉库存系统运行状况。模型仿真运行状况如图 4.13 所示，图中"Idle"表示叉车空闲时间占比；"Travel empty"表示叉车空载运行时间占比；"Travel loaded"表示负载运行时间占比；"Offset travel empty"表示空载偏移运行时间占比；"Offset travel loaded"表示负载偏移运行时间占比；"Loading"表示叉车装载货物时间占比；"Unloading"表示叉车卸载货物时间占比。除去"Idle"空闲时间外，其余时间都是叉车的运行时间。由图 4.13 可知，叉车 1 饼状图中的数字"27.12％"就是除去"Idle"空闲时间占比后的数值，也就是叉车 1 的运行时间占比；叉车 2、叉车 3 的饼状图中的数字含义与此相同。仿真运行一个月的部分数据见表 4.2。

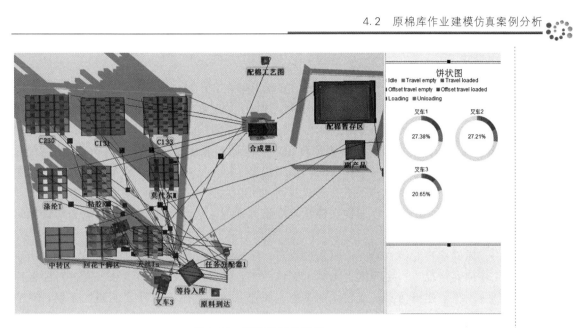

图 4.13 模型仿真运行图

表 4.2 仿真运行一个月的部分数据

实 体	最大容量 /包	平均容量 /包	输入量 /包	输出量 /包	最大停留时间 /分钟	平均停留时间 /分钟
原料到达	599	3.44	0	5850	195.89	25.47
等待入库	1000	79.15	5850	5850	1022.02	584.48
任务分配器 1	0	0.00	0	0	0.00	0.00
C133	540	325.88	900	540	27957.75	14975.56
C131	715	362.88	1800	1620	16471.94	8156.46
C230	835	431.19	1800	1440	19526.51	9632.93
涤纶 T	140	70.16	300	240	19462.58	9399.46
粘胶 R	180	99.86	300	180	26662.22	13761.10
莫代尔 M	330	193.97	450	180	33848.60	17759.30
天丝 Ts	180	98.85	300	180	26566.88	13660.16
叉车 1	3	0.43	3874	3874	1824.91	4.82
叉车 2	3	0.43	3875	3875	1830.24	4.84
叉车 3	3	0.33	3875	3875	1490.97	3.63
配棉暂存区（队）	2	0.23	600	600	120.00	16.28
车间领料量（队）	28	0.75	0	600	1856.86	170.44
合成器 1	2	0.27	4980	4980	1832.72	2.33

2. 系统分析

通过运行图可以看出，3 辆叉车的利用率在 20％至 28％之间，考虑到实际工作中搬运人员通常只是白班工作 8 小时，因此 3 辆叉车白班实际的利用率在 62％至 82％之间，处于比较理想的范围。当月入库原料 5850 包，车间领用 4980 包，约 1200 吨，未出现脱节及明显积压现象。但是原料入库最大等待入库时间为 1022 分钟，考虑到装卸人员的工作时间，如果仍是这 3 辆叉车工作，最大等待入库时间会接近两天。为减少原料到货后等待时间，可在原棉入库期间调动负责棉纱入、出库的人员车辆协助卸货，同样在棉纱集中出入库时，有能力抽调部分车辆去协助搬运棉纱。

原棉库作业流程是一个复杂过程，由于原棉库作业工作量难以计量，经常出现工作冲突情况，一定程度上影响了工作效率，并造成了成本的上涨。通过对原棉库作业系统的建模仿真，能较详细掌握有关业务的工作量，有计划地调度车辆，减少了主观因素。通过运行模型，有助于实际工作中根据具体情况不断调整各种人员、设备的工作内容，做到理论与实践相结合，不断优化原棉库作业流程。

本 章 小 结

本章学习了仓储系统作业的基本流程，并结合棉纺公司原棉库作业流程建立仿真模型，重点讲述了原棉库模型实体的布局、连接、全局表的应用及实体参数设置，其中库存量控制参数设置是仓储系统仿真的重难点，需要多加练习才能深刻体会其含义和设置要领。该章节比较系统地培养了同学们建模、仿真及应用分析的思维意识。

思 考 与 习 题

1. 简述仓储系统的基本作业流程。
2. 如何创建调节网络路径使叉车运行路径更符合实际运行情况？
3. 如何模拟车间领料计划？
4. 如何控制仓库某种货物的库存量？
5. 如何优化仓储系统人员设施的配置？

第5章 分拣系统建模仿真

导　读

　　分拣是仓储配送中心将拣选出来的货物按照不同的客户、不同的配送路线进行分类、集中，等待装车配载、送货的作业流程。分拣的目的是为了提高货物配送的效率和准确性，确保货物能够以最高效的方式被运送和分发到正确的目的地。本章在带领大家了解分拣系统基本知识的基础上，以A配送中心的分拣系统为研究对象，学习不同产品和不同到达时间间隔的情况下发生器参数的灵活设置、全局表与合成器的综合运用、货架存货量的控制、传送带分拣功能的参数设置及模型运行分析等知识。

5.1　分　拣　系　统　简　介

5.1.1　基本流程

　　分拣是指为进行输送、配送，把很多货物按不同品种、不同的地点和单位分配到所设的场地的作业。分拣作业流程如图5.1所示。

图 5.1　分拣作业流程图

　　1. 编制发货计划

　　发货计划是根据顾客的订单编制而成。订单是指顾客根据其用货需要向配送中心发出的订货信息。配送中心找到订货信息后需要对订单的资料进行确认、存货查询和单据处理，根据顾客的送货要求制订发货日程，最后编制发货计划。

　　2. 确定拣货方式

　　拣货通常有订单别拣取、批量拣取及复合拣取3种方式。

　　(1) 订单别拣取。订单别拣取是针对每一份订单，分拣人员按照订单所列商品及数量，将商品从储存区域或分拣区域拣取出来，然后集中在一起的拣货方式。

订单别拣取作业方法简单，接到订单可立即拣货，作业前置时间短，作业人员责任明确。但对于商品品项较多时，拣货行走路径加长，拣取效率较低。针对这种特点订单别拣取适合订单大小差异较大、订单数量变化频繁、商品差异较大的情况，如化妆品、家具、电器、百货、高级服饰等。

（2）批量拣取。批量拣取是将多张订单集合成一批，按照商品品种类别加总后再进行拣货，然后依据不同客户或不同订单分类集中的拣货方式。批量拣取可以缩短拣取商品时的行走时间，增加单位时间的拣货量。同时，由于需要订单累积到一定数量时，才做一次性的处理，因此会有停止时间产生。批量拣取适合订单变化较小、订单数量稳定的配送中心和外形较规则、固定的商品出货，其次需进行流通加工的商品也适合批量拣取，再批量进行加工，然后分类配送，有利于提高拣货及加工效率。

（3）复合拣取。为克服订单别拣取和批量拣取方式的缺点，配送中心也可以采取将订单别拣取和批量拣取组合起来的复合拣取方式。应根据订单的品种、数量及出库频率，确定哪些订单适用于订单别拣取，哪些适用于批量拣取，分别采取不同的拣货方式。

3．输出拣货清单

拣货清单是配送中心将客户订单资料进行计算机处理，生成并打印出的。拣货清单上标明储位，并按储位顺序来排列货物编号，作业人员的此种拣货方式不仅缩短了拣货路径，同时也提高了拣货作业效率。

4．确定拣货路线及分派拣货作业人员

配送中心根据拣货单所指示的商品编码、储位编号等信息，能够明确商品所处的位置，确定合理的拣货路线，安排拣货人员进行拣货作业。

5．拣取商品

拣取的过程可以由人工或机械辅助作业或自动化设备完成。通常小体积、少批量、搬运重量在人力范围内、拣出货频率不是特别高的，可以采取手工方式拣取；体积大、重量大的货物可以利用升降叉车等搬运机械辅助作业；出货频率很高的货物可以采取自动拣货系统。

6．分类集中

经过拣取的商品根据不同的客户或送货路线分类集中。有些需要进行流通加工的商品还需根据加工方法进行分类，加工完毕再按一定方式分类出货。

多品种分货的工艺过程较复杂，难度也大，容易发生错误，必须在统筹安排形成规模效应的基础上，提高作业的精确性。

在物品体积小、重量轻的情况下，可以采取人力分拣，也可以采取机械辅助作业，或利用自动分拣机自动将拣取出来的货物进行分类与集中。

5.1.2　基本作业方法

分拣作业的分拣方法包括"人到货"分拣方法和"货到人"分拣方法两种。

1."人到货"分拣方法

这是一种传统的分拣方法。这种方法是分拣货架不动，即货物不运动，通过人力拣取货物。在这种情况下，分拣货架是静止的，而分拣人员带着流动的集货货架或容器到分拣货架，即拣货区拣货，然后将货物送到静止的集货点。

对"人到货"分拣方法，最短路径的确定可通过运筹学的方法得到解决。如果订单大而少，所需货种很多，可采用封闭式的路径，找到所需的货位，避开不需分拣货位；如果订单多、货种少，可采用并行路径。

"人到货"分拣方法具有如下特点：

（1）采取按单分拣。一单一拣，类似仓库出货方式，配货准确程度高，不容易发生货差等错误。

（2）工艺机动灵活。由于一单一拣，各用户的分拣互相没有牵制，可按用户要求调整配货先后次序。对紧急需求可以集中力量快速分拣，有利于配送中心开展即时配送，增强对用户的保险能力。分拣完一个货单，货物配齐，货物可不再落地暂存而直接放到配送车辆上，有利于简化工序，提高效率。对机械化设备数量及工艺条件没有严格要求，用户数量不受限制，可在大范围内波动。

"人到货"分拣方法适用于用户不稳定，需求量波动较大，不能建立相对稳定用户分货货位的情况，以及用户需求差异很大，需求种类繁多，有共同需求，又有许多特殊需求，在需求方面统计和共同取货比较困难的用户。在配送的过程中需要调整先后分拣配货顺序，满足用户配送不同时间（如紧急情况）的需求，用"人到货"分拣方法结果比较理想。

2."货到人"分拣方法

这种作业方法是人不动，托盘（或货架）带着货物移动到分拣人员面前，再由不同的分拣人员拣选，拣出的货物集中在集货点的托盘上，然后由搬运车辆送走。

"货到人"分拣方法特点为在收到若干个用户配送请求后，先对用户共同需求做出统计，形成共同批量。同时安排好各用户的分货货位，然后陆续集中取出货物进行反复的分货操作。直至最后一种共同需要的货物分放完毕。然而"货到人"的配送方式工艺难度高、计划性强，容易发生分货错误。因集中用户需求后才开始分货，工艺计划性强，故配送时可合理调配、使用车辆和规划配送路线。

"货到人"分拣方法适用于用户需求共同性很强，差异性小，客户需求数量有差异但是种类相同，客户数量稳定、数量较多且在配送的过程中对配送时间无严格限制的情况。

"货到人"分拣方法以追求效率、降低成本为目的形成了专业性强的配送中心以稳定用户和满足需求。

5.1.3　自动分拣作业流程

自动分拣的货物从进入分拣系统到送到指定的分配位置为止，都是按照人们的指令靠自动分拣装置来完成的。一个分拣系统由一系列各种类型的输送机、各种附加设施和控制系统等组成，大致可分为合流、分拣识别、分拣分流和分运 4 个分段。

1. 合流

商品通过多条输送线进入分拣系统，经过合流逐步将各条输送线上输入的商品合并于一条汇集输送机上，同时，将商品在输送机上的方位进行调整，以适应分拣识别和分拣的要求。

汇集输送机具有自动停止和启动的功能。如果前端分拣识别装置偶然发生事故，或商品和商品联结在一起，或输送机上商品已经满载时，汇集输送机就会自动停止，等恢复正常后再自行启动，因此它也起缓冲作用。

高速分拣要求分拣输送机高速运行。例如，一个每分钟可分拣 75 件商品的分拣系统，就要求输送机的速度达到 75 米/分钟。为此，商品在进入分拣识别装置之前，有一个使商品逐渐加速到分拣系统输送机的速度，以及使前后两商品间保持一定的最小固定距离的要求。

2. 分拣识别

在该分段中，商品接受激光扫描器对其条形码标签的扫描，或通过其他自动识别方式，如光学文字读取装置、声音识别输入装置等，将商品分拣信息输入计算机。

商品之间保持一个固定值的间距，对分拣速度和精度至关重要。即使是高速分拣机，在各种商品间也必须有一个固定值的间距。当前的微型计算机和程序控制器已能将这间距减小到只有几英寸。

3. 分拣分流

商品离开分拣识别装置后在分拣输送机上移动时，根据不同商品分拣信号所确定的移动时间，使商品行走到指定的分拣道口，由该处的分拣机构按照上述的移动时间自行启动，将商品排离主输送机进入分流滑道排出。这种分拣机构在国外经过四五十年的应用研制，有多种形式可供选用。

4. 分运

分拣出的商品离开主输送机，再经滑道到达分拣系统的终端。分运所经过的滑道一般是无动力的。

5.1.4　常用分拣设备

自动分拣机一般由输送机械部分、电气自动控制部分和计算机信息系统联网组合而成。它可以根据用户的要求、场地情况，对条烟、整箱烟、药品、货物、物料等，按用户、地名、品名进行自动分拣、装箱、封箱的连续作业。机械输送设备根据输送物品的形态、体积、质量而设计定制。分拣输送机是工厂自动化立体仓库及物流配送中心对物流进行分类、整理的关键设备之一，通过应用分拣系统可实现物流中心准确、快捷地工作。常见分拣机有以下几种类型：

1. 交叉带分拣机

交叉带分拣机有很多种形式，通常比较普遍的为一车双带式，即一个小车上面有两段垂直的皮带，既可以每段皮带上搬送一个包裹也可以两段皮带合起来搬送一个包裹。在两段皮带合起来搬送一个包裹的情况下，可以通过在分拣机两段皮带方向的预动作，使包裹的方向与分拣方向相一致以减少格口的间距要求。交叉带分拣机的优点就是噪声低、可分拣货物的范围广，通过双边供包及格口优化可以实现单台最大能力约每小时 2 万件。但其缺点也是比较明显的，即造价比较昂贵、维护费用高。

2. 翻盘式分拣机

翻盘式分拣机是通过托盘倾翻的方式将包裹分拣出去的，该分拣机在快递行业也有应用，但更多的是应用在机场行李分拣领域。最大能力可以达到每小时 12000 件。标准翻盘式分拣机由木托盘、倾翻装置、底部框架组成，倾翻分为机械倾翻及电动倾翻两种。

3. 滑块式分拣机

滑块式分拣机也是一种特殊形式的条板输送机。输送机的表面用金属条板或管子构成，如竹席状，而在每个条板或管子上有一枚用硬质材料制成的导向滑块。能沿条板做横向滑动。平时滑块停止在输送机的侧边，滑块的下部由销子与条板下导向杆联结，通过计算机控制，当被分拣的货物到达指定道口时，控制器使导向滑块有序地自动向输送机的对面一侧滑动，把货物推入分拣道口，从而商品就被引出主输送机。

4. 挡板式分拣机

利用一个挡板（指杆），挡住在输送机上向前移动的商品，将商品引导至一侧的滑道排出。挡板的另一种形式是挡板一端作为支点，可做旋转。挡板动作时，像一堵墙似的挡住商品向前移动，利用输送机对商品的摩擦力推动，使商品沿着挡板表面移动，从主输送机上排出至滑道。

5. 胶带浮出式分拣机

这种分拣结构用于辊筒式主输送机上，将有动力驱动的两条或多条胶带或单个链条横向安装在主输送辊筒之间的下方。当分拣机结构接受指令启动时，胶带或链条向上提升，接触商品底部把商品托起，并将其向主输送机一侧移出。

以上是常见的分拣机类型。根据其分类不难看出，每种分拣机都有自己的分拣对象，这也是各种分拣机的重要区别。但现在的自动分拣机仍停留在对小物件的分拣上，对于大型物品仍无法应用，因此大物件分拣机仍是物流方面专家的研究重点。

5.2　补货分拣系统建模仿真案例分析

5.2.1　分拣系统概述

1. 分拣作业流程

分拣作业是某公司配送中心内部流程的最后一个环节。在该环节中，库管员开票后，登记业务系统记录业务账数，并检查可销库存数量，防止开出票不能配货的问题发生。配货前，库管员检查是否有未处理的状态调整单，先处理状态调整单，再检查拣货区商品数量是否能够满足此次配货，如果不足，生成补货单，将拣货区商品数量增加到大于或等于配货数量，并通知上游部门执行补货作业；配货员按照销售票上所开商品数量进行配货。

在拣选方式上，公司根据自身情况，采用的是不分区、按单拣选，即根据订单到来的顺序安排空闲的工作人员对订单进行分拣。配送中心分拣作业流程图如图 5.2 所示。

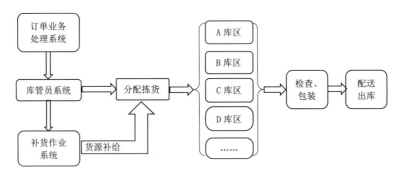

图 5.2　配送中心分拣作业流程图

2. 案例参数

分拣环节是配送环节中最重要的环节。为提升某仓库配送作业效率，需要对其作业过程进行模拟。经调查，该仓库占地面积 1000 平方米，仓库分为 5 个区，分别是补货入口、存货区（货架为该公司主要存货工具）、库管员办公区、分拣包装区和出货码头，配送对象以箱为单位。当存货区中货物的数量多于 200 箱时停止进货，当存货区中货物的数量少于 100 箱时开始进货，货物打包时间为 2 分钟。模拟系统 10 天的运行情况，分析系统运行状况。研究时为避免冗长复杂，简化了补货、入库检查等内容。

配送的 A、B、C 3 种产品基本资料见表 5.1～表 5.3。

表 5.1　　　　　　　　　　　　　3 种产品的相关数据

产　品	初始库存	补货条件	补货速度	储运单位	颜色
A	200	100	Exponential（0，1，1）	箱	蓝
B	200	100	3	箱	紫
C	200	100	Exponential（0，2，1）	箱	黑

注　1. 补货条件列中的 100 是指存货区中货物的数量少于 100 箱时开始进货。
　　2. Exponential（0，1，1）是指数分布函数，其中第 1 个参数是渐位线，第 2 个参数是比例，第 3 个参数是随机数流。

表 5.2　　　　　　　　　　　　　订　单　组　合

产　品	订单 1	订单 2	订单 3	订单 4	订单 5
A	4	10	8	0	16
B	2	16	8	20	0
C	12	0	8	0	4

表 5.3	其 他 相 关 数 据	
名　　称	属　　性	数　　据
分拣人员	数量	3 人
	分拣能力	1 箱/人
订单	到达间隔	Exponential（0，5，1）
	各类分布	duniform（1，5）

5.2.2　模型布局及连接

1. 选择计量单位

双击桌面上的 Flexsim 图标打开 Flexsim，弹出默认启动向导，选择"New Model"（建立新模型）选项。

选择合适的模型单位。在该模型中，选择如下：

（1）时间单位：分钟。

（2）长度单位：米。

（3）流体单位：公升。

然后点击"确定"键。

2. 模型布局

对于模型中有多个相同实体的情况，创建模型实体时应采用快速布局的建模方法。例如，本模型中有 4 个发生器，5 个暂存区。因此，建模时采用复选的方法，在建模实体库区用鼠标左键双击"发生器"，再用鼠标左键在建模区需要放置发生器的地方依次点击 4 次，便创建了 4 个发生器，并将"发生器 4"重新命名为"订单发生器"。同样的方法可快速创建 5 个暂存区、3 个货架、3 名操作员。合成器只有 1 个，按住鼠标左键将合成器拖入建模区即可。3 个发生器分别表示货物的补充，3 个货架分别表示 A、B、C 这三种电子产品的存储区，订单发生器表示订单的派发，操作员与合成器表示分拣作业的过程，5 个暂存区分别表示五种订单的出库暂存。由于客户订单随机到达，采用了不分区的分拣策略，如图 5.3 所示。

分拣系统的模型布局和连接

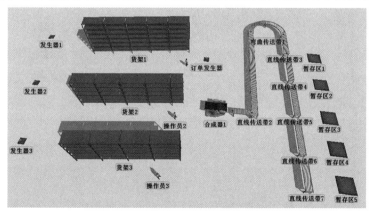

图 5.3　仓库分拣区模型布局

3. 连接端口

（1）A 连接。具有方向性，代表临时实体流动的方向。

1）方法一：在英文输入法状态下，按住"A"键，用鼠标左键单击上游一个实体对象，然后单击要连接的另外一个实体对象即可完成 A 连接。

2）方法二：在英文输入法状态下，按住"A"键同时，按住鼠标左键从上游对象拖动至下游一个对象，也可完成 A 连接。需要注意的是连接方向将会直接影响到临时对象的流动方向。

断开 A 连接，按下"Q"键，用鼠标左键点击要删除的 A 连接的上下游即可断开 A 连接。

（2）S 连接。没有方向性，一般用于不同类之间的连接。

在英文输入法状态下，按住"S"键，单击一个对象，然后单击另外一个对象。

断开 S 连接，可以按下"W"键，点击一个对象拖动至另外一个对象。

在该模型中，连接发生器与货架用 A 连接；连接货架与操作员用 S 连接；连接发生器与合成器用 A 连接；连接合成器与暂存区用 A 连接。

对于模型中存在多个相同连接的情况，可以采用先红选再进行连接的方法。选择多个连续的实体采用框选的方法，即按住"Shift＋鼠标左键"框选多个连续的实体；选择多个相邻或不相邻的实体时采用点选的方法，即按住"Ctrl＋鼠标左键"点击所需连接实体。通过红选，可以快速同时连接多个选中实体，其实际连接顺序按所连接实体从实体库中拖出的顺序进行排序。按住"Shift＋鼠标左键"，点击空白处可取消红选。

仓库分拣区模型连接图如图 5.4 所示。

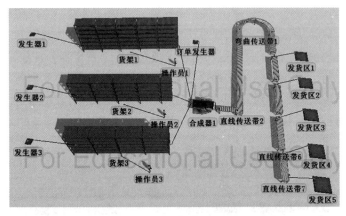

图 5.4　仓库分拣区模型连接图

5.2.3　参数设置

1. 发生器

对产生 A、B、C 这三种产品的发生器进行参数设置。

（1）"发生器 1"的参数设置。"发生器 1"的功能是提供产品 A。双击"发生器 1"，在弹出的"发生器 1"的属性界面中选择"发生器"选项卡，点击"到达时间间隔"右侧的下拉菜单，在弹出的下拉菜单中选择"统计分布"，在统计分布的弹出菜单中选择"exponential"（指数分布），弹出"exponential"的设置窗口，设置"exponential"的"渐位线"为"0"（指数分布曲线的起始位置）。将"比例"设为"1"。将"随机数流"设为"1"，具体设置如图 5.5 所示。该设置的功能是"发生器 1"产生临时实体（产品 A）的时间间隔服从指定的指数分布函数。

接着选择"触发器"选项卡，点击"＋"，在弹出的功能菜单中选择"On Exit"，再点击"On Exit"编辑框右侧的"＋"，在弹出的菜单中选择"显示外观""设置实体颜色"，点击"颜色"编辑框右侧下拉菜单，在弹出的"颜色"选项中选择"Color.blue"，接着点击该界面下的"＋"，在弹出的功能菜单中选择"数据设置""设置临时实体的类型"，弹出"设置临时实体的类型"界面，在该界面"类型"编辑框中直接输入"1"，其功能是将发生器 1 产生的临时实体的类型定义为"1"；接着点击该界面下的"＋"，在弹出的功能菜单中选择"数据设置""设置实体名称"，弹出"设置名称"界面，在该界面"名称"编辑框中直接输入"A"，其功能是将发生器 1 产生的临时实体的名称定义为"A"，如图 5.6 所示。该参数设置的功能是当临时实体（产品 A）离开"发生器 1"的时候，临时实体（产品 A）的颜色变为蓝色。"发生器 2""发生器 3"参数设置的含义与"发生器 1"类似。

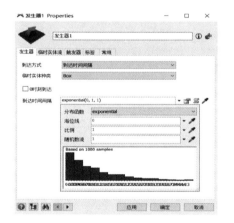

图 5.5　发生器 1 到达时间间隔设置

图 5.6　发生器 1 产品颜色、类型
及名称设置

（2）"发生器 2"的参数设置。发生器 2 的功能是提供产品 B。双击"发生器 2"，在弹出的"发生器 2"的属性界面中选择"发生器"选项卡，设置"到达时间间隔"为"3"，如图 5.7 所示。

选择"触发器"选项卡，点击"＋"，选择"On Exit"，在弹出的菜单中选择"显示外观"，选择"设置实体颜色"，点击右边下拉菜单选择"Color.purple"，如图 5.8 所示。

（3）"发生器 3"的参数设置。发生器 3 的功能是提供产品 C。双击"发生器 3"，在弹出的"发生器 3"的属性界面中选择"发生器"选项卡，点击"到达时间间隔"右侧下拉菜单，在弹出的下拉菜单中选择"统计分布"，在统计分布的弹出菜单中选择"exponential"（指数分布），将指数分布函数的"渐位线"设为"0"（指数分布曲线的起始位置），将"比例"设为"2"（指数分布的期望值）。将"随机数流"设为"1"，如图 5.9 所示。

图 5.7　发生器 2 到达时间间隔设置　　　　图 5.8　发生器 2 产品颜色设置

选择"触发器"选项卡，点击"＋"，选择"On Exit"，在弹出的菜单中选择"显示外观"，选择"设置实体颜色"，点击右侧下拉菜单，选择"Color.black"，如图 5.10 所示。

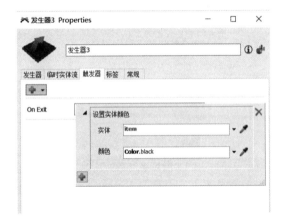

图 5.9　发生器 3 到达时间间隔设置　　　　图 5.10　发生器 3 产品颜色设置

2. 货架

因为货物需求量不在本案例讨论范围内，故简化了入库的操作。"货架 1""货架 2""货架 3"的参数设置相同，以"货架 1"为例，具体设置如下：

双击"货架 1"打开"货架 1"的属性对话框，在"触发器"选项卡中点击"＋"，在弹出的菜单中选择"On Entry"进入"触发器"选项，在"实体控制"下拉菜单中选择"关闭和打开端口"功能菜单，在弹出的设置界面中，将触发"条件"设为"content（current）＞＝200"，即入库一个临时实体后，统计当前货架中临时实体的数量，如果临时实体的数量大于或等于 200 时，将关闭输入端口停止入库，其"操作"为"closeinput"，如图 5.11 所示；返回"触发器"选项卡，添加

"On Exit"退出触发选项，设置"条件"为"content（current）＜＝100"，其"操作"为"openinput"，即当有临时实体退出货架后，如果此时货架中临时实体的数量小于或等于100时，则打开输入端口开始入库，设置如图5.12所示；在"临时实体流"选项卡中选中"使用运输工具"复选框，可启动操作员搬运临时实体。对"货架2""货架3"进行同样的设置。

图5.11　停止入库设置　　　　　　　图5.12　开始入库设置

3. 订单发生器

订单的下达来自于客户，在仿真中令订单发生器产生托盘（pallet）代表客户订单，使得抽象的订单实体化。实现方法是双击"订单发生器"打开"订单发生器"的属性界面，在属性界面中选择"发生器"选项卡，点击"到达时间间隔"编辑框右侧的下拉菜单，在弹出的下拉菜单中选择"统计分布"，在"统计分布"的弹出菜单中选择"exponential"（指数分布），设置渐位线为"0"。将"比例"设为"5"，将"随机数流"设为"1"。仍然选择"发生器"选项卡，设置"临时实体种类"为"Pallet"，如图5.13所示。

根据不同订单设置不同托盘的类型和颜色，具体操作是点击"订单发生器"的"触发器"选项卡，再点击"触发器"选项卡中的"＋"，选择"On Exit"，点击下拉菜单，选择"数据设置"，选择"设置临时实体类型和颜色"，在弹出的"临时实体类型"的对话框中选择默认值"duniform（1，5）"，即均匀的产生5种类型的产品，如图5.14所示。

图5.13　产生实体种类和到达时间间隔设置　　　图5.14　托盘类型和颜色设置

4. 创建全局表

分拣策略的实现需要使用全局表，全局表可以储存数字型或字符串型数据，模型中实体都可以调用全局表，而且一个模型可以使用多个全局表。

点击工具栏中的“tools”或左侧实体库旁边的“工具栏”。在左侧的“工具栏”中点击“+”，在展开的菜单中选择“全局表”。在全局表创建区的右侧弹出全局表的“快捷属性窗口”，如图 5.15 所示。将行数改为“3”，列数修改为“5”，这样就建立了一个 3 行 5 列的全局表，默认名称为“GlobalTable1”，按照表 5.2 要求填入订单组合数据，如图 5.16 所示。

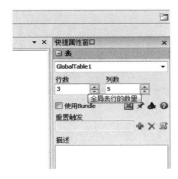

图 5.15　全局表快捷属性窗口

	Col 1	Col 2	Col 3	Col 4	Col 5
Row 1	4	10	8	0	16
Row 2	2	16	8	20	0
Row 3	12	0	8	0	4

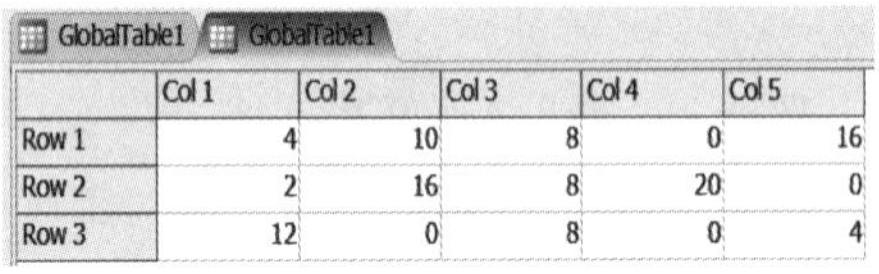

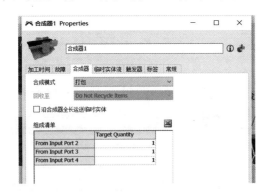

图 5.16　全局表设置

5. 合成器

合成器有 3 种合成模式，这里选择“打包”。双击“合成器 1”，在属性选项卡中选择“合成器”选项卡，合成模式选“打包”，打包默认的情况下是从除去端口 1 外的每个端口进入 1 个货物，合成器合成模式设置如图 5.17 所示。

合成器不断从输入端口 1 之外的端口中接收需要的货物，当满足订单后，合成器包装货物，货物合成时间为 2 分钟，然后输出暂存区。在“加工时间”选项卡中，设置“加工时间”为“2”分钟，如图 5.18 所示。

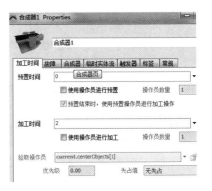

图 5.17　合成器合成模式设置

图 5.18　货物加工时间设置

订单实体化后，托盘即为驱动合成器（分拣流程）的因素。根据合成器的工作原理，将合成器的输入端口 1 连接到订单发生器，即把“发生器 4”排序到输入端口 1，这样就完成了“一份订单配货”的分拣逻辑。打开“合成器 1”的属性对话框，选择"常规"选项卡，在"端口"选项组中选择"输入端口"，可以看到合成器输入端口的连接情况，确保产生容器类临时实体的发生器连接到合成器的输入端口 1 上。检查合成器输入端口顺序如图 5.19 所示。

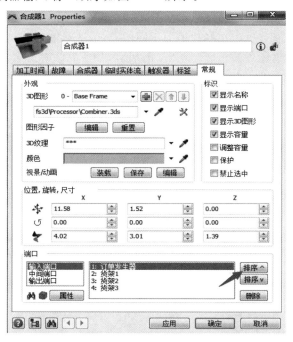

图 5.19 检查合成器输入端口顺序

全局表设置完成后，合成器需要关联全局表后才能按照全局表的要求打包。选择"合成器"属性界面的"触发器"选项卡，点击"＋"，在弹出的功能选项中选择"On Entry"（进入触发），点击"On Entry"编辑框右侧的"＋"，在弹出的功能菜单中选择"更新合成器组合列表"，随机弹出"更新合成器组合列表"界面，在该界面的"表格"选项中点击右边的下拉菜单，选择新建的"GlobalTable1"，如图 5.20 所示。

图 5.20 更新合成器组合列表设置

6. 传送带

将根据客户订单完成打包的产品放入到传送带上，传送带根据不同客户的订单类型将打包后的货物送入到不同的发货区。双击"直线传送带 3"的离开衔接点，弹出"离开衔接点属性"界面，点击该界面中的"发送至端口"编辑框右侧的下拉菜单，弹出系列功能菜单，选择"根据不同的 Case 选择输出端口"，弹出"Case 函数"设置界面，点击该界面中的"＋"，增加一行 Case 函数设置行，将默认的输出端口 Port 的值改为"2"，如图 5.21 所示。由于"直线传送带 3"的离开衔接点输出端口 1 连接到"发货区 1"上，所以打包后类型为"1"的货物被分拣出来并送到了"发货区 1"，打包后其他类型货物沿着"直线传送带 4"继续前进和分拣，经过不同的分拣，直到分拣到各自的发货区。"直线传送带 4""直线传送带 5""直线传送带 6"的离开衔接点的参数设置与此基本相同。

图 5.21　传送带分拣参数设置

7. 暂存区

双击"暂存区 1"，打开属性窗口，在"暂存区"选项卡，然后将"最大容量"改为"2000"，如图 5.22 所示，对暂存区 2、暂存区 3、暂存区 4、暂存区 5 进行同样的设置。

图 5.22　暂存区最大容量设置

5.2.4 仿真运行及分析

1. 运行模型

点击模型运行控制栏中"运行时间"右侧的下拉菜单，在弹出的界面中选中"停止时间"前的复选框，输入时间"14400.00"分钟，表示模型仿真运行 14400 分钟后停止，设置如图 5.23 所示。设置完成后，点击"重置"按钮，再单击"运行"按钮，运行模型。仿真运行图如图 5.24 所示，图中"Idle"表示空闲时间占比；"Processing"表示"合成器 1"打包时间占比；"Collecting"表示"合成器 1"收集临时实体时间占比；"Travel empty"表示操作员空载工作时间占比；"Travel loaded"表示操作员负载工作时间占比；"Offset travel empty"表示空载偏移运行时间占比；"Offset travel loaded"表示负载偏移运行时间占比。除去"Idle"空闲时间外，其余时间都是运行时间。由图 5.24 可知，"合成器 1"工作时间占比是"98.51%"，"操作员 1""操作员 2""操作员 3"的工作时间占比分别为 10.28%、11.24%、6.61%。。

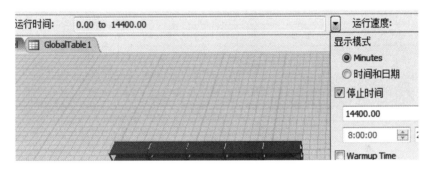

图 5.23 仿真运行时间设置

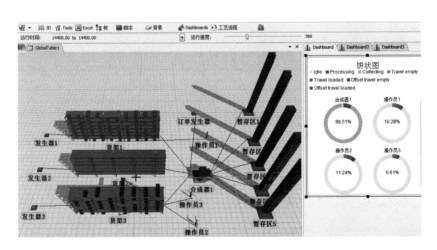

图 5.24 仿真运行图

2. 仿真结果分析

模型运行完指定的时间后，导出部分模型运行数据 1 数据汇总见表 5.4，工作状态数据表见表 5.5。

通过观察模型仿真可以看出，"货架 2"上没有产品，进一步查看客户订单，可以发现订单中产品 B 的需求量比较大。通过进一步分析分拣系统运行数据汇总表可以看出，产品在"货架 2"上平均停留时间较短，处于供不应求的状态。通过工作状态数据表可以看出，操作员空闲时间较多，而合成器有 91.41% 的时间用来搜集货物。该系统应加大产品 B 的供应速度或改变分拣方式，才能使系统整体效率获得提升。

表 5.4　分拣系统运行数据汇总表

实体	当前容量 /箱	输入量 /箱	输出量 /箱	最小停留时间 /分钟	最大停留时间 /分钟	平均停留时间 /分钟
发生器 1	0	0	4058	0.00	603.17	2.49
发生器 2	0	0	4799	0.00	0.00	0.00
发生器 3	0	0	2525	0.00	885.50	3.68
货架 1	172	4058	3886	0.16	1090.87	548.84
货架 2	0	4799	4799	0.08	55.85	1.07
货架 3	109	2525	2416	80.18	1593.43	854.47
订单发生器	0	0	512	0.00	59.88	23.16
合成器 1	1	11613	11612	0.00	60.25	1.22
暂存区 1	103	103	0	0.00	0.00	0.00
暂存区 2	112	112	0	0.00	0.00	0.00
暂存区 3	99	99	0	0.00	0.00	0.00
暂存区 4	100	100	0	0.00	0.00	0.00
暂存区 5	97	97	0	0.00	0.00	0.00

表 5.5　工 作 状 态 数 据 表

实体	工作量 /件	空闲时间占比 /%	工作时间占比 /%	加工时间占比 /%	搜集货物时间占比 /%
工人 1	3886	89.72	10.28		
工人 2	4779	88.76	11.24		
工人 3	2416	93.39	6.61		
合成器 1	11612	1.49		7.1	91.41

本 章 小 结

本章讲解了分拣系统作业的基本流程、分拣作业的基本方法、自动分拣的作业流程及常用分拣设备。在对某公司配送中心补货分拣系统建模的研究中，首先对分拣系统进行了分析，详细讲解了补货分拣系统模型的布局、连接的操作，对不同产品的不同到达时间间隔及颜色等参数设置做了讲解，本章的重点及难点是如何通过托盘及全局表将抽象的订单具体化。通过设定运行时间、创建全局表及导出仿真数据模型反映模型运行状况，对现有分拣系统进行分析。

思 考 与 习 题

1. 分拣系统的基本作业流程是怎样的？
2. 分拣系统仿真模型如何让发生器产生六种托盘？
3. 分拣系统仿真模型如何模拟客户订单？
4. 分拣系统仿真模型如何控制货架中的货物数量？
5. 分拣系统仿真模型如何根据不同客户订单进行打包？
6. 结合模型实体及导出的数据深入理解各指标的含义。

第 6 章　现代物流配送中心建模仿真

导　　读

本章首先针对现代物流配送中心概念、类型、功能及作业流程进行学习。其次，结合 Flexsim 建模仿真知识和某公司的生产及客户订单信息，进行具体案例的逐步分析、讲解现代物流配送中心建模仿真的基本过程，建立现代物流配送中心仿真模型。最后，对模型运行情况进行了分析与优化。

6.1　现代物流配送中心简介

6.1.1　基本概念

配送中心是以组织配送型销售或供应，执行实物配送为主要职能的现代流通设施，通过有效地组织配货和送货，使资源的终端配置得以完成。目前，对配送中心的定义有多种提法。

《物流企业操作指南》一书对配送中心的定义是接受并处理末端用户的订货信息，对上游运来的多品种货物进行分拣，根据用户订货要求进行拣选、加工、组配等作业，并进行送货的设施机构。在对配送中心进行科学完善的基础上，《物流企业操作指南》权威性地指出了配送中心的设计、流程、模式等。

中华人民共和国国家标准《物流术语》（GB/T 18354—2001）中规定，从事配送业务且具有完善的信息网络的场所或组织，应符合下列条件：主要为特定的用户服务；配送功能健全、辐射范围小；多品种，小批量。

从对配送中心的多种定义上看，其表述虽然不完全一致，但可从上述定义中了解到配送中心的基本概念，对配送中心的认识需要注意以下几个问题：

（1）配送中心的任务之一是"货物配备"。货物配备是配送中心按照客户的要求，对货物的数量、品种、规格、质量等进行的配备。这是配送中心最主要、最独特的工作，全部由配送中心内部的现代化设施完成。

（2）配送中心的另一个重要任务是"组织送货"。组织送货是指配送中心按照客户的要求，把配备好的货物定时、定点、定量地送抵用户。送货方式较多，有的由配送中心自行承担，有的利用社会运输力量完成，有的由用户自提。从我国国情来看，在开展配送的初期，用户自提的可能性较大，因此对于送货而言，配送中心主要是组织者而不是承担者。

（3）配送中心是配送活动和销售或供应等经营活动的结合。创建配送中心是经营的一种手段，配送中心的业务不是单纯的物流活动。

（4）配送中心的硬件配备为现代流通设施。现代流通设施和以前的流通设施诸如商场、贸易中心、仓库等有区别。这个流通设施以现代装备和工艺为基础，不但可以处理商流，而且可用于对物流、信息流的处理，是集商流、物流、信息流于一体的全功能流通设施。

配送中心为了能更好地做好送货的编组准备，必然需要进行零星集货、批量进货等资源搜集工作和对货物的分拣、配备等工作，因此配送中心往往还有比较强的流通加工能力。此外，配送中心还应该执行货物配备后送达用户的使命，如果说集货中心、分拣中心、加工中心的职能比较单一，那么，配送中心则能全面、完整地集中它们的功能，因此配送中心实际上是集货中心、分拣中心、加工中心功能的综合，使配送达到更高的水平。

6.1.2 分类

配送中心是一种新兴的经营管理形态，具有满足多量少样的市场需求及降低流通成本的作用，但是由于建造公司的背景不同，其配送中心的功能、构成和运营方式就有很大区别，因此在配送中心规划时应充分注意配送中心的类别及其特点。配送中心的具体分类方式有 4 种。

1. 按配送中心的设立者分类

（1）制造商型配送中心。制造商型配送中心是以制造商为主体的配送中心。这种配送中心里的物品 100％是由自己生产制造，用以降低流通费用、提高售后服务质量和及时将预先配齐的成组元器件运送到规定的加工和装配工位。从物品生产制造以及后来的条码和包装配合等多方面都较易控制，因此按照现代化、自动化的配送中心设计比较容易，但不具备社会化的要求。

（2）批发商型配送中心。批发商型配送中心是由批发商或代理商所成立的配送中心，是以批发商为主体的配送中心。批发是物品从制造者到消费者手中之间的传统流通环节之一，一般是按部门或物品类别的不同，把每个制造厂的物品集中起来，然后以单一品种或搭配向消费地的零售商进行配送。这种配送中心的物品来自各个制造商，它所进行的一项重要的活动是对物品进行汇总和再销售，而它的全部进货和出货都是社会配送的，社会化程度高。

（3）零售商型配送中心。零售商型配送中心是由零售商向上整合所成立的配送中心，是以零售业为主体的配送中心。零售商发展到一定规模后，就可以考虑建立自己的配送中心，为专业物品零售店、超级市场、百货商店、建材商场、粮油食品商店、宾馆饭店等服务，其社会化程度介于前两者之间。

（4）专业物流配送中心。专业物流配送中心是以第三方物流公司（包括传统的仓储公司和运输公司）为主体的配送中心。这种配送中心有很强的运输配送能力，地理位置优越，可迅速将到达的货物配送给用户。为制造商或供应商提供物流服务，而配送中心的货物仍属于制造商或供应商，配送中心只是提供仓储管理和运输配送服务。这种配送中心的现代化程度往往较高。

2. 按配送中心的服务范围分类

(1) 城市配送中心。城市配送中心是以城市为配送范围的配送中心，由于城市范围一般处于汽车运输的经济里程，这种配送中心可直接配送到最终用户，且采用汽车进行配送。因此，这种配送中心往往和零售经营相结合，由于运距短、反应能力强，因而从事多品种、少批量、多用户的配送较有优势。

(2) 区域配送中心。区域配送中心是以较强的辐射能力和库存准备，向省(州) 际、全国乃至国际范围的用户配送的配送中心。这种配送中心配送规模较大，一般而言，用户也较大，配送批量也较大，而且，往往是配送给下一级的城市配送中心，也配送给营业所、商店、批发商和公司用户，虽然也从事零星的配送，但不是主体形式。

3. 按配送中心的功能分类

(1) 储存型配送中心。该类型配送中心有很强的储存功能。例如美国赫马克配送中心的储存区可储存 16.3 万托盘。我国目前建设的配送中心，多为储存型配送中心，库存量较大。

(2) 流通型配送中心。该类型配送中心包括通过型或转运型配送中心，基本上没有长期储存的功能，是仅以暂存或随进随出的方式进行配货和送货的配送中心，典型方式为大量货物整批进入。按一定批量零出。一般采用大型分货机，其进货直接进入分货机传送带，分送到各用户货位或直接分送到配送汽车上。

(3) 加工型配送中心。该类型配送中心以流通加工为主要业务的配送中心。

4. 按配送中心的属性分类

根据配送货物的属性，可以分为食品配送中心、日用品配送中心、医药品配送中心、化妆品配送中心、家电品配送中心、电子 (3C) 产品配送中心、书籍产品配送中心、服饰产品配送中心、汽车零件配送中心以及生鲜处理中心等。

由于所配送的产品不同，配送中心的规划方向就完全不同。例如生鲜品配送中心主要处理的物品为蔬菜、水果与鱼肉等生鲜产品，属于低温型的配送中心，是由冷冻库、冷藏库、鱼虾包装处理场、肉品包装处理场、蔬菜包装处理场及进出货暂存区等组成的，冷冻库为零下 25℃，而冷藏库为 0～5℃，又称湿货配送中心。而书籍产品配送中心，由于书籍有新出版、再版及补书等的特性，尤其是新出版的书籍或杂志，其中的 80% 不上架，直接理货配送到各书店去，剩下的 20% 左右库存在配送中心等待客户的再订货；另外，书籍或杂志的退货率非常高，有 30%～40%。因此，在规划书籍产品配送中心时，就不能与食品与日用品的配送中心一样。服饰产品的配送中心，也有淡旺季及流行性等特性，而且较高级的服饰必须使用衣架悬挂，其配送中心的规划也有其特殊性。

对于不同种类与行业形态的配送中心，其作业内容、设备类型、营运范围可能完全不同，但是就系统规划分析的方法与步骤有其共通之处。配送中心的发展已逐渐由以仓库为主体的配送中心向信息化、自动化的整合型配送中心发展。

6.1.3 功能

配送中心与传统的仓库、运输是不一样的，传统意义上的仓库只重视商品的储存保管，传统的运输只提供商品运输配送，而随着现代科技的发展以及信息的透明化，配送中心应更加重视商品流通的全方位功能。

1. 集中货物

配送中心接收供应商送到某一特定门店的商品，然后将它们整合成单一的一次运输，其好处就是能减少运输费，同时减少门店收货的拥挤现象。

2. 仓储保管

商品的交易买卖达成之后，除了采用直配直送方式的批发商之外，卖方均将商品经实际入库、保管、流通加工包装后出库，因此配送中心具有仓储保管功能。在配送中心一般都有库存保管的储放区，为防止缺货，都有一定的安全库存，因商品的特性及生产前置时间不同，安全库存的数量也不同。一般国内制造的商品库存较少，而国外制造的商品因船期的原因库存较多，为 2～3 个月；另外生鲜产品的保存期限较短，因此保管的库存量较少；冷冻食品因其保存期较长，保管的库存量也较多。

3. 运输

配送中心需要自己拥有或者租赁一定规模的运输工具，具有竞争优势的配送中心不只是一个点，而是一个覆盖全国的网络。因此，配送中心首先应该为客户选择满足客户需要的运输方式，然后具体组织网络内部的运输作业，在规定的时间内将客户的商品运抵目的地。

4. 分拣配送

配送中心的另一个重点功能就是分拣配送功能，因为配送中心就是为了满足多品种、小批量的客户需求而发展起来的。因此配送中心必须根据客户的要求进行分拣配货作业，并以最快的速度或者是指定时间内配送到客户。配送中心的分拣配送效率是物流质量的集中体现，是配送中心最重要的功能。

5. 流通加工

配送中心的流通加工作业包含分类、称重、大包装拆箱改小包装、产品组合包装、商标标签粘贴作业等。这些作业是提升配送中心服务品质的重要手段。

6. 提供信息

配送中心除了具有行销、配送、流通加工、仓储保管等功能外，更能为配送中心本身及上下游公司提供各式各样的信息情报，以供配送中心营运管理政策的制定、商品路线的开发、商品销售推广政策的制定作为参考。例如哪一个客户订多少商品？哪一种商品比较畅销？可从电脑的 EIQ 分析资料中获得信息，甚至可以将这些宝贵资料提供给上游的制造商及下游的零售商当作经营管理的参考。

从一些发达国家的配送中心具体实际来看，配送中心还具有增值性功能，如结算功能、需求预测功能、物流系统设计咨询功能以及物流教育与培训功能。

6.1.4 功能区设置

配送中心功能区是为了实现物流配送作业而设立的诸多作业区域，所设立的具有不同作业内容的区域实现各自的目的，起着应有的作用，共同完成配送中心的配送业务。

根据各种作业的性质，一般物流配送中心功能区可分为物流功能区和非物流功能区两大类。其中，物流相关的作业在物流功能区内完成，根据配送中心的作业流程以及配送中心的功能，可以将物流功能区划分为进货区、存储区、流通加工区、理货区、出库区、退货区。而非物流功能区主要从事物流作业的相关辅助作业，同时也是部分工作人员的工作区，可以将其划分为辅助作业区和办公区。各功能区又可根据作业需要分为不同的功能子区，一般的配送中心功能区的设置如图 6.1 所示。

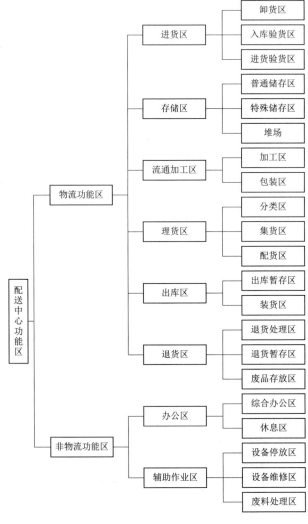

图 6.1 配送中心功能区设置

1. 物流功能区

（1）进货。进货区主要从事从货物运达到入库所要进行的相关作业，包括车辆到达、卸货、验收、理货等作业。各种作业对应的功能子区包括卸货区、入库验货区、进货验货区等。

（2）存储区。存储区主要进行仓储保管工作。根据所存储货物的性质，存储区包括普通存储区、特殊存储区以及堆场等。

（3）流通加工区。流通加工区工作内容主要包括针对一些初级产品进行的二次加工，或零配件重新组装成产品等加工作业，以及产品包装、运输包装、流通包装、打印条码等作业。流通加工区包括加工区、包装区等。

（4）理货。理货区主要完成理货、拣货、补货、分类、集货、验货、配货等作业，进行货物运达物流中心后进入后续流程的先期处理，和货物即将从物流中心出去前的先期处理。理货区分为进货理货区与出货理货区两类。理货区可细分为分类区、集货区、配货区等。

（5）出库区。出库区指将集中待发的货品经过检验至装车起运全过程的相关作业。从布局和结构看，出库区与进货区类似。各种操作对应的功能子区包括出库暂存区、装货区等。

（6）退货区。退货区是物流中心对退货、瑕疵品及废品等进行处理及存储的作业区域。包括退货处理区、退货暂存区、废品存放区等。

2. 非物流功能区

（1）办公区。办公区是主要提供部分工作人员的办公场所以及生活服务场所。如接待客户，为供货商提供展览、促销、交易场所；提供金融、工商、海关、税务等配套服务；为客户及工作人员提供休息、接待、娱乐、餐饮等服务。

（2）辅助作业区。辅助作业区指辅助物流作业场所，如废料处理区、设备停放区、设备维修区等。

6.1.5　作业流程

物流配送中心的运转中，无论是机械化的物流系统，还是自动化或智能化的物流系统，如果没有正确有效的作业方法配合，无论所采用的设备或系统多么先进，也未必能取得最佳的经济效益。不同类型的配送中心，虽然功能不尽相同，但其作业流程却大致相同，主要包括订货作业、进货作业、搬运作业、储存作业、盘点作业、存货管理作业、订单处理作业、拣货作业、补货作业、出货作业、配送作业。物流配送中心的基本作业流程如图 6.2 所示。

图 6.2　物流配送中心的基本作业流程

不同模式的配送中心作业内容不同，一般情况下，配送中心的作业首先从订货开始，当运输物品的货车到达配送中心的月台时，便进行进货作业，然后依序将货物储存入库。由于进货的同时也有货物要出库，因此存储区的货物的数量和状态也在变动，为了良好地管理，需要定期或不定期地对在库货物进行盘点作业。当配送中心收到客户的订单后，需要对订单进行处理，之后根据客户订单的信息来进行拣货作业，将客户需要的货物拣选出来。与此同时，在拣选货物的过程中一旦发现拣选区所储存的货物量低于库存标准时，便向供应商订货，即补货作业。拣选出来的货物经包装、分类等发货作业后，便可将货物装在配送车上，由配送人员负责配送到客户手中。此外，在所有的作业过程中，涉及货物流动的作业，其过程中就一定有搬运作业，搬运作业贯穿整个配送中心作业流程中。

1. 进货作业

进货作业是指把物品做实体上的接收，包括从车上将其卸下、核对该物品的数量及状态、将必要信息书面化等，进货作业流程如图 6.3 所示。

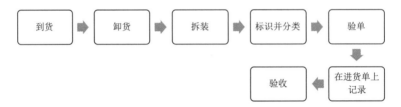

图 6.3　进货作业流程

2. 搬运作业

搬运作业是物流作业的重要组成部分之一，良好有序的搬运系统可消除物流系统中的瓶颈现象，使物流畅通，确保生产水平，使人力和设备有效利用，有效搬运可以加速货物移动，缩短运输距离，减少总作业时间，降低存储和相关成本，良好的搬运系统不但能改善工作环境，而且能保证货物安全和完好，降低保险费用。

3. 储存作业

储存作业的主要任务在于把将来要使用或者要出货的物料保存，且经常要做库存品的检查控制，不仅要善于利用空间，也要注意存货的管理，尤其是配送中心的储存与传统仓库的储存因营运形态不同，更要注意空间运用的弹性及存量的有效控制。

4. 盘点作业

由于货物不断地进库和出库，在长期积累下理论库存数与实际库存数经常出现不相符的情况。有些货品因长期存放，品质下降，不能满足用户需求。为了有效地掌握货品数量和质量，必须定期对各储存场所进行清点作业，这就是所谓的盘点作业。

5. 存货管理作业

存货具有调节生产与销售的作用，不适当的存货管理往往会造成有形或无形的损失。尤其对于流通速度极快但无法事前掌握客户订货信息的物流中心，存货的管制更加不易，其重要性也就更不容忽视。而所谓存货管理是希望将货品的存量保持在适当的标准内，以免存量过多造成资金积压、增加保管困难；或存量过少导致浪费仓容、供不应求的情况。因此存货管理具有两项重大意义：一是为确保存货能配合销售情况、交货要求以提供给客户满意的服务；二是为设立存货控制基准，以最经济的订购方式与控制方法来提供营运所需要的供应。

6. 订单处理作业

订单处理指的是门店从接到订货到准备出货之间的作业阶段。包括订单确认、存货查询、库存分配和出货配送等。

7. 拣货作业

众所周知，每张用户订单中最少有一种以上的商品，把这些不同种类、数量的商品由物流配送中心集中在一起，这一作业流程即为拣货作业。

8. 补货作业

补货作业是为了满足分拣作业需要，将货物从货物保管区移到作为订单拣取用的拣货区的作业过程，即将待配商品放在存取方便位置的过程，补货作业流程如图 6.4 所示。

9. 出货作业

将拣选的商品按订单或配送路线进行分类，再进行出货检查，做好相应的包装、贴标签工作，根据门店或行车路线等将物品送到出货暂存区，最后装车配送。

10. 配送作业

配送作业包含将货物装车并进行配送，而实现这些作业则需要完成配送区域的划分和配送路线的安排，根据选用配送路线的先后次序来决定商品装车顺序，并在商品配

图 6.4 补货作业流程

送途中进行商品跟踪、控制，制订配送途中意外状况应急预案及送货后文件的处理办法。

6.2 配货系统建模仿真案例分析

6.2.1 问题描述

某公司生产线生产 5 种不同类型的产品，即 5 种不同类型的临时实体。临时实体将按照均值为 20 秒，标准差为 2 秒的正态分布时间到达。临时实体的类型为类型 1~5 共 5 个类型之间均匀分布。随后，5 种产品被送到检测车间的暂存区 1，暂存区 1 的容量为 100 个，然后由 3 个操作员组成的小组协助搬运产品到各自的专用检测装置上，检验时操作员先预置产品，预置时间为 6 秒，预置结束后进入检测过

程，检测时间为 10 秒/个。

检测完成后通过各自速度为 2 米/秒的传送带将产品运输出去，在传送带末端按照客户订单进行装盘。客户订单表以及客户订单到达时间表见表 6.1 和表 6.2。货物被装盘，装盘后的产品先放入容量为 25 的"暂存区 2"，然后产品被速度为 2 米/秒的叉车放到货架为 8 层 8 列仓储中心的 2 个货架上等待发货。

表 6.1   客 户 订 单 表

	客户 1	客户 2	客户 3	客户 4	客户 5
产品 1	4	4	4	4	4
产品 2	4	5	6	5	3
产品 3	5	4	3	4	5
产品 4	6	4	5	4	5
产品 5	5	6	4	5	4

表 6.2   客 户 订 单 到 达 时 间 表

	到达时间/秒	产品名称	产品类型	数量/个
客户 1	0	A	1	2
客户 2	1500	B	2	1
客户 3	1800	C	3	3
客户 4	2550	D	4	2
客户 5	3600	E	5	3

配货系统
模型布局
及连接

6.2.2 模型布局及连接

模型有 2 个发生器、2 个暂存区、5 个处理器、5 条传送带、1 个合成器、1 个叉车、1 个任务分配器、3 个操作员和 2 个货架组成。从实体库中拖曳出相应实体并根据处理器的功能将其重新命名为检测器。按同类实体之间用 A 连接，不同类实体之间用 S 连接的连接要求，除了任务分配器和暂存区、叉车和合成器之间用 S 连接外，其余实体之间用 A 连接，模型布局及连接图如图 6.5 所示。

6.2.3 参数设置

配送系统
模型参数
设置

1. 发生器 1

首先，设置产品的类型和颜色，鼠标左键双击"发生器 1"，打开"发生器 1"属性界面，选择"触发器"选项卡，点击"+"，在弹出的功能菜单中选定"On Creation"选项，然后再点击其右边的"+"，找到"数据设置"，点击"设置临时实体类型和颜色"，将"duniform（1，3，getstream（current））"改为"duniform（1，5，getstream（current））"，点击"应用"，如图 6.6 所示。

其次，产品到达的时间间隔服从均值为 20 秒，标准差为 2 秒的正态分布，其具体设置步骤为单击"发生器"选项卡，在"发生器"选项卡中找到"到达时间间

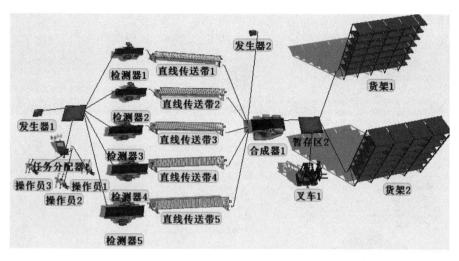

图 6.5 模型布局及连接图

图 6.6 设置临时实体的类型和颜色

隔"设置项，然后点击"到达时间间隔"编辑框右边的下拉菜单，在弹出的功能菜单中找到"统计分布"选项，在弹出的系列统计分布函数中选择"normal"函数，在弹出的"normal"分布函数属性界面将均值设置为"20.0"，标准差设置为"2.0"，点击"确定"，如图 6.7 所示。

2. 暂存区 1

3 名操作员组成的小组将五种产品从暂存区 1 搬运到各自专用的检测装置上，五种货物在检测过程中，不同货物进入不同的检测器，然后进行货物的预置和检测，其中不同的货物进入不同的检测器。

鼠标双击"暂存区 1"打开"暂存区 1"属性界面，进入"暂存区"选项卡，在最大容量编辑框中输入"100"，再选择"临时实体流"选项卡，打开后点击"发送至端口"编辑框右侧的下拉菜单，选择"根据不同的 Case 选择输出端口"，表示如果探测到的临时实体类型不同，就选择不同的端口。在弹出的 Case 设置界面中点击 5 次"＋"，会出现 5 个 Case 值和 5 个 Port 输出端口，将对应的 Port 输出端口分别改为"1""2""3""4""5"。再点击选中"使用运输工具"复选框,表示使用操作员搬运临时实体到检测器,点击"应用""确定",如图 6.8 所示。

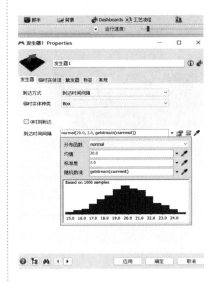

图 6.7　到达时间间隔设置

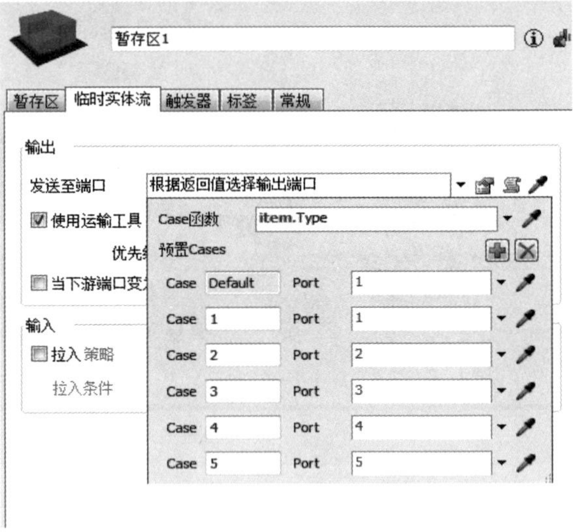

图 6.8　暂存区 1 参数设置

3. 处理器

货物由操作员从暂存区搬运到检测器,并先预置产品,然后对产品进行检测处理。5 个处理器参数的设置相同,以"处理器 1"为例进行阐述。

鼠标双击"处理器 1"打开"处理器 1"属性界面,将"预置时间"改为"6","加工时间"改为"10",然后在左下角点击前进按钮,转到下一个检测器设置界面,可以依次转到"处理器 2""处理器 3""处理器 4""处理器 5"的属性窗口,完成设置,最后点击"应用""确定",如图 6.9 所示。

图 6.9　检测器参数设置

4. 传送带

当货物从"处理器1"出来到达传送带时，传送带的速度为2米/秒。5个传送带参数的设置相同，以"传送带1"为例进行阐述。

鼠标双击"传送带1"，打开"传送带1"属性界面，点击"传送带类型"列表框右侧的编辑按钮，弹出"传送带类型属性"界面，将传送带的"速度"设置为"2.00"，设置"最大数量"为"100"，移动间隔值为"1"，然后在左下角点击前进按钮，其他传送带参数也会相应改变，最后点击"应用""确定"，如图6.10所示。

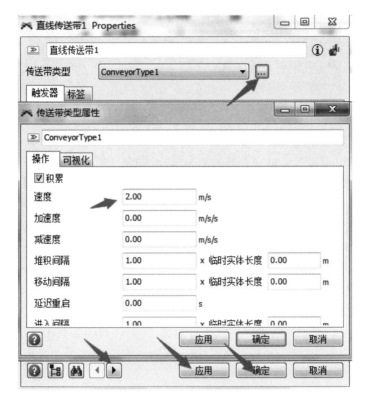

图6.10　传送带参数设置

5. "发生器2"

当货物从传送带出来到达合成器之前，合成器上需要存在"发生器2"根据顾客的到达时间发出的托盘，用托盘模拟客户订单，随后在合成器上根据顾客订单进行装盘作业。需要对"发生器2"产出不同的托盘进行参数设置。

鼠标双击"发生器2"打开"发生器2"的属性界面，将发生器的"到达方式"改为"到达时间表"，将"临时实体种类"的默认值改为"Pallet"。

顾客到达时间选择"到达时间表"后，在"Arrivals"选项卡中将临时实体的到达次数设置为"5"，会出现5行记录，表示有5个客户的到达时间，将到达时间依次设置为"0""1500""1800""2550""3600"，将产品数量依次设置为"2""1""3""2""3"，如图6.11所示。

图 6.11　发生器选项卡参数设置

选择"触发器"选项卡，点击该界面中的"＋"，在弹出的功能菜单中选择 "On Creation"，点击其编辑框右侧的"＋"，再依次选择"数据设置""设置临时实体类型和颜色"，弹出"设置临时实体类型和颜色"界面。点击"临时实体类型"编辑框右侧的下拉菜单，在弹出的菜单中选择"rownumber"。即根据到达时间表中行的顺序数产生临时实体的类型，颜色为默认，客户订单数量为发生器选项卡中创建的"到达时间表"中"Quantity"列的数据。参数设置如图 6.12 所示。

6. 全局表

合成器根据客户订单对货物进行装盘，模拟不同的订单需要创建、设置全局表。

鼠标单击"工具栏"选项卡，点击旁边的"＋"，找到并点击"全局表"，就会创建一个默认名称为"GlobalTable1"的全局表，在右侧出现全局表属性界面，然后进行相应的设置，如图 6.13 所示。

图 6.12　顾客到达时间参数设置

图 6.13　添加全局表设置

根据全局表设置客户的订单。在"全局表"属性界面中，找到快捷属性窗口，然后将全局表的行数和列数分别设置为 5 行和 5 列，全局表就会变成一个 5 行 5 列的全局表，将表 6.1 客户订单数填入到该全局表中，客户订单表设置如图 6.14 所示。

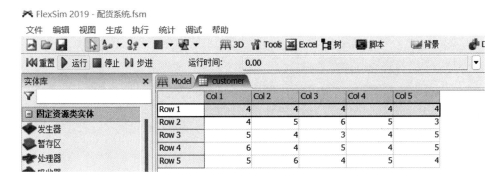

图 6.14 客户订单表设置

7. 合成器

合成器按照客户订单进行装盘，合成模式为"打包"，触发方式是根据进入合成器的托盘类型更新合成器组合列表。

鼠标双击"合成器 1"打开"合成器 1"的属性界面，在"合成器 1"的属性界面中，选择"触发器"选项卡，点击"＋"，在弹出的功能选项中找到"On Entry"（进入触发）选项，再点击"On Entry"编辑框右侧的"＋"，在弹出的功能菜单中选择"更新合成器组件列表"，在弹出的属性界面中选择"GlobalTable1"，完成相应设置，如图 6.15 和图 6.16 所示。

图 6.15 合成器触发事件参数设置　　　图 6.16 合成器组合列表选择参数设置

8. "暂存区 2"

装盘后的产品进入最大容量为 25 的"暂存区 2"，并且要用叉车随机放到货架上。用鼠标双击"暂存区 2"，打开"暂存区 2"的属性界面，点击"暂存区"选项卡，将"最大容量"设置为"25"，如图 6.17 所示。

图 6.17　暂存区 2 的容量设置

为了用叉车把临时实体随机送到货架上，在"暂存区 2"的属性界面中，选择"临时实体流"选项卡，点击"发送至端口"编辑框右侧的下拉菜单，在弹出的功能菜单中选择"随机""随机端口"。为了调用叉车，再选中"使用运输工具"选项前的复选框，即可完成参数设置，如图 6.18 所示。

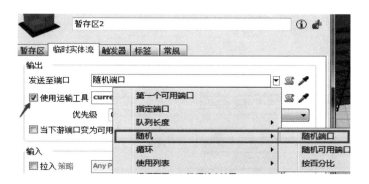

图 6.18　暂存区 2 的发送至端口设置

9. 货架

仓储中心的货架为 8 层 8 列。鼠标双击"货架 1"打开"货架 1"的属性界面，点击"尺寸表格"选项卡，在基本设置中，将列数和行数更改设置为 8 层 8 列，然后点击"高级设置"，默认值为 8 层 8 列，可以单独修改某一列某一层，形成与货架中普通栅格不同大小的空间，点击"确定"退出设置界面，如图 6.19 所示。

图 6.19　货架参数设置

6.2.4　仿真运行

1. 创建仪表

仪表可以反映各实体的运行状况。点击"工具栏"上的"Dashboards"就会在模型区右侧创建仪表盘"Dashboard"，点击仪表盘区，左侧的实体库则变为反映模型运行状况的系列仪表，如图 6.20 所示选中"状态统计"模块下的"饼状图"，将其拖至仪表盘区 Dashboard，便创建了饼状图仪表。在弹出的饼状图设置界面中，通过点击"Options"（选择）选项卡中的"＋"，弹出"Select Objects"（选择对象）并选中，如图 6.21 所示。弹出该模型的实体类，点开"操作员"，点击选择"操作员 1""操作员 2""操作员 3"，如图 6.22 所示。点击"选中"按钮，即可在仪表盘中生成反映操作员运行状况的饼状图。用同样的方法创建反映检测器及合成器运行状况的饼状图。

配货系统
模型运行
及分析

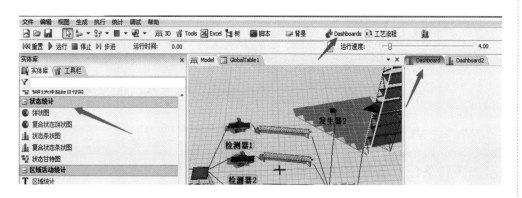

图 6.20　仪表盘基本界面

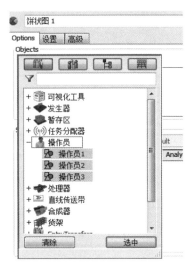

图 6.21　饼状图选择卡界面　　　　图 6.22　饼状图实体选择界面

2. 运行模型

点击运行控制栏中的"重置""运行"按钮,模型开始运行。模型运行 8438.49
秒后停止。模型整体运行如图 6.23 所示,通过图 6.24 可以直观查看操作员的运行
状况,通过图 6.25 可以直观查看检测器及合成器的运行状况。

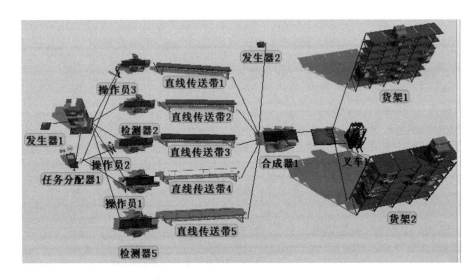

图 6.23　模型运行图

6.2.5　结果分析与模型优化

1. 结果分析

(1) 操作员。操作员的运行状况如图 6.24 所示,图中"Idle"表示操作员空闲

时间占比；"Travel empty"表示操作员空载工作时间占比；"Travel loaded"表示操作员负载工作时间占比；"Offset travel empty"表示空载偏移运行时间占比。除去"Idle"空闲时间外，其余时间都属于操作员的运行时间。由图 6.24 可知，"操作员 1"的利用率在 36％左右，"操作员 2"的利用率不到 4％，而"操作员 3"几乎不工作，从而造成人力成本的浪费。此处需要减少操作员的个数，从而提高人员利用率，节约人力成本。

（2）处理器及合成器。用同样的方法，创建了反映 5 个检测器和 1 个合成器的饼状图，如图 6.25 所示，图中"Idle"表示各实体的空闲时间占比；"Processing"表示检测器的检测时间占比或"合成器 1"打包时间占比；"Blocked"表示"合成器 1"打包完成后因不能及时将货物运走造成的堵塞时间占比；"Collecting"表示"合成器 1"收集临时实体时间占比；"Waiting for transport"表示"合成器 1"上打包后的货物等待叉车运走的时间占比；"Setup"表示"合成器 1"的预置时间占比。由图 6.25 可知，各检测器的工作时间占比均较低，"合成器 1"的大量时间花费在收集各种临时实体上，少量的时间用在打包上，收集货物和打包时间均属于合成器的工作时间，工作时间占比为 66.75％。

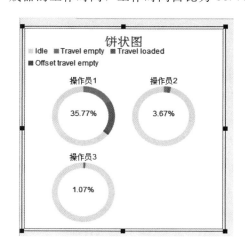

图 6.24　操作员的运行状况图　　　　图 6.25　检测器及合成器的运行状况图

（3）货架。根据表 6.2 客户订单到达时间表每个客户对货物的需求量进行分析，货架上应该共有 11 盘货物。点击"货架"查看货架运行情况，证明货架上共有 11 盘货物。

根据表 6.1 中客户的订单组成及表 6.2 中客户订单到达时间表中的订单数量可知，客户 1 订单数量为 2，即 2 个托盘。这两个托盘均按照 4 个产品 1，4 个产品 2，5 个产品 3，6 个产品 4 以及 5 个产品 5 进行装货。这样每个托盘需要 24 个产品，再加上托盘本身也是 1 个临时实体，因此客户 1 的每盘货物实际上有 25 个临时实体，完成客户 1 的 2 份订单共需要 50 个临时实体。客户 2 到客户 5 以同样的方式进行分析可知，客户 2 的 1 份订单共需要 24 个临时实体，客户 3 的 3 份订单共需要 69 个临时实体，客户 4 的 2 份订单共需要 46 个临时实体，客户 5 的 3 份订单共需要 66 个临时实体。

因此，模型运行终止时，合成器共输出了 11 盘货物，共 255 个临时实体，货架上托盘的数量为 11 个，与根据表 6.1、表 6.2 计算出的数据一致。

通过点击"合成器"，可以在模型界面和快捷属性中查看相关数据。如点击"合成器 1"，在右侧的快捷属性中可以看到合成器 1 的运行结果，如图 6.26 所示。

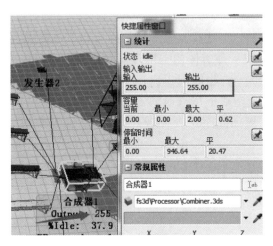

图 6.26　"合成器 1"的运行结果分析图

总体来看，整个系统的运行效率并不高，主要原因是产品发生器产生临时实体的时间间隔太长，系统整体运行效率低。

2. 模型优化

由上述结果分析可知，操作员的数量较多，人力资源存在浪费，搬货效率低，成本增加。为此，通过减少操作员的个数，可对模型进行优化。

操作员的数量由 3 个减少到 1 个，优化后"操作员 1"的运行结果分析如图 6.27 所示，图中"Idle"表示"操作员 1"空闲时间占比；"Travel empty"表示"操作员 1"空载工作时间占比；"Travel loaded"表示"操作员 1"负载工作时间占比；"Offset travel empty"表示空载偏移运行时间占比。除去"Idle"空闲时间外，其余时间都属于操作员的必要的运行时间，由图 6.27 可知，当操作员数量变为 1 个后，操作员工作时间占比为 40.50%，仍有足够的时间完成工作任务。

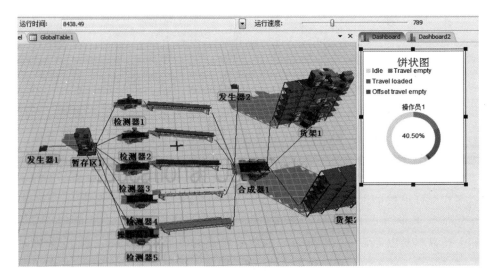

图 6.27　优化后模型及操作员 1 运行结果分析图

本 章 小 结

本章从学习现代物流配送中心概念类型、功能及作业流程开始，让大家对现代物流配送中心有一个基本的认知。在调研了某公司的生产及客户订单信息基础上，学习了对该公司配货系统的完整建模过程。有具体到达时间的客户订单模拟参数的设置以及合成器根据不同客户订单进行分别打包是本章的重难点。本章还学习了创建仪表和导出模型运行数据，根据仪表数据对模型运行情况进行了分析、优化，根据优化思路建立了现代物流配送中心优化仿真模型。

思 考 与 习 题

1. 物流配送中心的特点是什么？其基本业务流程是怎样的？

2. 物流配送中心仿真模型中，如何让发生器根据订单到达时间和数量，产生不同类型和颜色及指定数量的临时实体？

第7章 自动化立体仓库建模仿真

导 读

　　自动化立体仓库是综合运用现代物料搬运、仓储技术的复杂物流系统，本章引领大家从自动化立体仓库基本概念、分类、组成等方面入手进行学习。为了系统研究自动化立体仓库仿真知识，以玩具加工厂自动化立体仓库的产品入库、储存、出库流程仿真为研究内容，详细介绍每个环节的模型布局及参数设置过程，以及如何分析仿真模型并进行优化。

7.1　自动化立体仓库简介

7.1.1　基本概念

　　自动化立体仓库是体现物料搬运、仓储科学的一门综合科学技术工程，它以高层立体货架为主要标志，以成套先进搬运设备为基础、以先进的计算机控制技术为主要手段，高效地利用空间、时间和人力进行出入库处理，也称为高架库或高架仓库。把自动化立体仓库技术应用到货物流通领域中，能极大地提高货物流通效率，减轻工作人员的劳动强度。一般采用几层、十几层乃至几十层高的货架储存单元货物，用相应的物料搬运设备进行货物入库和出库作业。由于这类仓库能充分利用空间储存货物，故将其形象地称为立体仓库。这是利用立体仓库设备实现仓库高层合理化、存取自动化、操作简便化的现代仓储系统，自动化立体仓库是当前仓库技术水平的较高形式体现。

　　自动化立体仓库的主体由货架、巷道式堆垛起重机、入（出）库工作台和自动运进（出）及操作控制系统组成。货架是钢结构或钢筋混凝土结构的建筑物或结构体，货架内是标准尺寸的货位空间，巷道式堆垛起重机穿行于货架之间的巷道中，完成存、取货的工作，采用计算机及条形码技术进行管理。

　　立体仓库的产生和发展是第二次世界大战之后生产技术发展的结果。20 世纪 50 年代初，美国出现了采用桥式堆垛起重机的立体仓库；20 世纪 50 年代末 60 年代初出现了司机操作的巷道式堆垛起重机立体仓库；1963 年美国率先在高架仓库中采用计算机控制技术，建立了第一座计算机控制的立体仓库。此后，自动化立体仓库在美国以及欧洲得到迅速发展，并形成了专门的学科。

我国对立体仓库及其物料搬运设备的研制开始并不晚，1963 年研制成第一台桥式堆垛起重机，1973 年开始研制我国第一座由计算机控制的高 15 米自动化立体仓库，该库 1980 年投入运行。立体仓库由于具有很高的空间利用率、很强的入出库能力、采用计算机进行控制管理等特点，有利于公司实施现代化管理，已成为公司物流和生产管理不可缺少的仓储技术，越来越受到公司的重视。

自动化立体仓库（Automatic Storage/Retrieval System，AS/RS）是由立体货架、有轨巷道堆垛机、出入库托盘输送机系统、尺寸检测条码阅读系统、通信系统、自动控制系统、计算机监控系统、计算机管理系统以及其他如电线电缆桥架配电柜、托盘、调节平台、钢结构平台等辅助设备组成的复杂自动化系统。运用一流的集成化物流理念，采用先进的控制、总线、通信和信息技术，通过以上设备的协调动作进行出入库作业。

7.1.2 分类

1. 按建筑形式分类

按建筑形式可分为整体式和分离式两种。

（1）整体式。整体式指货架除了存储货物之外，还作为建筑物的支撑结构，构成建筑物的一部分，即库房货架一体化结构，一般整体式高度在 12 米以上。这种仓库结构重量轻、整体性好、抗震好。

（2）分离。分离式中储存货物的货架在建筑物内部独立存在。分离式货架高度通常在 12 米以下，特殊情况下，高度可达 15 米至 20 米。分离式自动化立体仓库适用于利用原有建筑物作库房，或在厂房和仓库内单建一个高货架的场所。

2. 按货物存取形式分类

按照货物存取形式可分为单元货架式、移动货架式和拣选货架式。

（1）单元货架式。单元货架式是常见的仓库形式。货物先放在托盘或集装箱内，再装入单元货架的货位上。

（2）移动货架式。移动货架式由电动货架组成，货架可以在轨道上行走，由控制装置控制货架合拢和分离。作业时货架分开，可在巷道中进行作业；非作业时可将货架合拢，只留一条作业巷道，从而提高空间的利用率。

（3）拣选货架式。拣选货架式中分拣机构是其核心部分，分为巷道内分拣和巷道外分拣两种方式。"人到货前拣选"是拣选人员乘拣选式堆垛机到货格前，从货格中拣选所需数量的货物出库。"货到人处拣选"是将存有所需货物的托盘或货箱由堆垛机运至拣选区，拣选人员按提货单的要求拣出所需货物，再将剩余的货物送回原地。

3. 按货架构造分类

按照货架构造可分为单元货格式、贯通式、水平旋转式和垂直旋转式。

（1）单元货格式。类似单元货架式，巷道占仓库约三分之一的面积。

（2）贯通式。为了提高仓库利用率，可以取消位于各排货架之间的巷道，将个体货架合并在一起，使每一层、同一列的货物互相贯通，形成能一次存放多货物单元的通道，而在另一端由出库起重机取货，成为贯通式仓库。根据货物单元在通道内的移动方式，贯通式仓库又可分为重力式货架仓库和穿梭小车式货架仓库。重力式货架仓库每个存货通道只能存放同一种货物，因此它适用于货物品种不太多而数量又相对较大的仓库。梭式小车可以由起重机从一个存货通道搬运到另一个通道。

（3）水平旋转式。这类仓库本身可以在水平面内沿环形路线来回运行。每组货架由若干独立的货柜组成，用一台链式传送机将这些货柜串连起来。每个货柜下方有支撑滚轮，上部有导向滚轮。传送机运转时，货柜便相应运动。需要提取某种货物时，只需在操作台上给予出库指令。当装有所需货物的货柜转到出货口时，货架停止运转。这种货架对于小件物品的拣选作业十分合适。其具有简便实用、可充分利用空间等特点，适用于对作业频率要求不高的场合。

（4）垂直旋转式。与水平旋转式相似，这类仓库只是把水平面内的旋转改为垂直面内的旋转。这种货架特别适用于存放长卷状货物，如地毯、地板革、胶片卷、电缆卷等。

7.1.3　应用领域

自动化立体仓库在我国应用非常广泛。其主要有以下应用领域。

1. 工业生产领域

（1）医药生产。医药生产是最早应用自动化立体仓库的领域之一，1993 年广州羊城制药厂建成了我国最早的医药生产用自动化立体仓库。此后，吉林敖东药业集团股份有限公司、东北制药集团股份有限公司、江苏扬子江药业集团有限公司、石家庄制药集团有限公司、上海医药集团股份有限公司等数十个公司成功应用自动化立体仓库。

（2）汽车制造。我国最早应用自动化立体仓库的领域之一。中国第二汽车集团有限公司是最早应用自动化立体仓库的单位。目前，几乎所有的我国主要汽车制造公司均应用了自动化立体仓库。

（3）机械制造。机械制造是广泛应用自动化立体仓库的领域之一。如三一重工股份有限公司等。

（4）电子制造。联想集团有限公司在 2000 年后开始采用自动化立体仓库系统。

（5）烟草制造业。烟草制造业是我国采用自动化立体仓库最普遍的行业。而且大量采用进口设备。典型的如红云红河集团红河卷烟厂、湖南中烟工业有限责任公司长沙卷烟厂等。

2. 物流领域

（1）烟草配送。广泛采用自动化立体仓库系统。

（2）医药配送。为了响应《药品经营质量管理规范》（GSP）认证，大量的自动化立体仓库被应用到全国医药流通领域。如中国医药集团有限公司、上海医药集团股份有限公司等。

（3）机场货运。较早采用自动化立体仓库的领域。各主要机场均采用立体仓库系统，用于行李处理。

（4）地铁。随着我国地铁建设的蓬勃兴起，自动化立体仓库应用大面积展开。

3. 商品制造领域

（1）服装。最近几年，服装领域开始应用自动化立体仓库。

（2）酿酒。如江苏洋河酒厂股份有限公司、北京顺鑫农业股份有限公司牛栏山酒厂等企业均有应用。

（3）制奶。内蒙古蒙牛乳业（集团）股份有限公司、内蒙古伊利实业集团股份有限公司等企业均有应用。

（4）化工。化工是最早应用自动化立体仓库的行业之一。

（5）图书印刷及出版。图书印刷及出版是广泛应用自动化立体仓库的行业之一。

4. 军事应用领域

军事应用领域是应用自动化立体仓库最普遍的领域之一。在后勤管理、军事装备等方面的应用尤为普遍。

5. 其他领域

其他领域如岩芯库、轮胎库、教学库等均应用了自动化立体仓库系统。

7.1.4 组成

（1）货架。其用于存储货物的钢结构，主要有焊接式货架和组合式货架两种基本形式。

（2）托盘（货箱）。其用于承载货物的器具，亦称工位器具。

（3）巷道式堆垛机。其用于自动存取货物的设备，按结构形式分为单立柱和双立柱两种基本形式；按服务方式分为直道、弯道和转移车三种基本形式。

（4）输送机系统。其是立体仓库的主要外围设备，负责将货物运送到堆垛机或从堆垛机将货物移走。输送机种类非常多，常见的有辊道输送机，链条输送机，升降台，分配车，提升机，皮带机等。

（5）自动导向小车（AGV）系统。其根据其导向方式分为感应式导向小车和激光导向小车。

（6）自动控制系统。其是驱动自动化立体仓库系统各设备的自动控制系统，以采用现场总线方式为主要控制模式。

（7）储存信息管理系统。其也称中央计算机管理系统，是全自动化立体仓库系统的核心。典型的自动化立体仓库系统均采用大型的数据库系统（如 ORACLE，SYBASE 等）构筑典型的客户机/服务器体系，可以与其他系统如 Enterprise Resource Planning（ERP）系统等联网或集成。

7.1.5 优越性能

自动化立体仓库的优越性主要表现在以下几个方面。

（1）提高空间利用率。早期立体仓库的构想，其基本出发点就是提高空间利用率，充分节约有限且宝贵的土地。提高空间利用率有更广泛深刻的含义，节约土地，已与节约能源、环境保护等更多的方面联系起来。甚至把空间的利用率作为系统合理性和先进性考核的重要指标。一般来说，自动化高架仓库的空间利用率为普通平库的 2～5 倍。

（2）便于形成先进的物流系统，提高公司生产管理水平。传统仓库只是货物储存的场所，保存货物是其唯一的功能，是一种"静态储存"。自动化立体仓库采用先进的自动化物料搬运设备，不仅能使货物在仓库内按需要自动存取，而且可以与仓库以外的生产环节进行有机连接，并通过计算机管理系统和自动化物料搬运设备使仓库成为公司生产物流中的一个重要环节。公司外购件和自制生产件进入自动化仓库储存是整个生产的一个环节，短时储存是为了在指定的时间自动输出到下一道工序进行生产，从而形成一个自动化的物流系统，这是一种"动态储存"，也是当今自动化仓库发展的一个明显技术趋势。

上述物流系统又是整个公司生产管理大系统的一个子系统，建立物流系统与公司大系统间的实时连接，是自动化高架仓库发展的另一个明显技术趋势。

降低公司的各项成本，实现自动化管理成为公司研究的一个重要战略课题。对于制造业来说，物流成本在其成本中比重是相当大的，因此物料与仓储管理以及成本控制已经成为影响产品市场竞争力的关键，与公司的效益密不可分。

由于自动化立体仓库的作业效率及自动化的技术水平可以使得公司物流效率大幅提升，立体仓库的基本技术也日益成熟，因此越来越多的公司开始采用自动化立体仓库。很多公司不仅建设中大型的立体仓库，也根据需要建设了很多中小型自动化立体仓库。

7.1.6 系统设计

随着经济全球化步伐的加快，物流供应链中蕴藏的巨大潜力越来越引起人们的注意。而物流中心则是物流供应链中重要的枢纽之一。它是接受并处理下游用户的订货信息，对上游供应方的大批量货物进行集中储存、加工等作业，并向下游进行批量转运的设施和机构。而实现这些功能的直接执行机构包括自动仓储设备（自动化立体仓库）、货架（平面托盘货架与流动货架等）、各种输送机（辊道输送机、链条输送机、皮带输送机、升降移载机、提升机等）、各种分拣设备、无人台车以及其他各种辅助设备。

作为物流中心的重要组成部分，自动化立体仓库直接影响到公司领导者制定战略和计划、指挥和调整公司的行动。其设计步骤一般分为 4 步。

1. 收集、研究用户的原始资料

明确用户所要达到的目标，这些原始资料包括明确自动化立体仓库与上游、下游衔接的工艺过程；上游进入仓库的最大入库量、向下游转运的最大出库量以及所要求的库容量；物料的规格参数及其他物料的其他特性；立体仓库的现场条件及环境要求；用户对仓库管理系统的功能要求；其他相关的资料及特殊要求。

2. 确定自动化立体仓库的主要形式及相关参数

所有原始资料收集完毕后，可根据这些资料计算出设计时所需的相关参数，包括对整个库区的出入库总量要求，即仓库的流量要求；货物单元的外形尺寸及其重量；仓库储存区（货架区）的仓位数量。

3. 合理布置自动化立体仓库的总体布局及物流图

一般来说，自动化立体仓库包括入库暂存区、检验区、码垛区、储存区、出库暂存区、托盘暂存区、不合格品暂存区及杂物区等。规划时，立体仓库内不必把上述的每一个区都规划进去，可根据用户的工艺特点及要求来合理划分各区域和增减区域。同时，还要合理考虑物料的流程，使物料的流动畅通无阻，这将直接影响到自动化立体仓库的能力和效率。

4. 选择机械设备类型及相关参数

（1）货架。货架的设计是立体仓库设计的一项重要内容，它直接影响到立体仓库面积和空间的利用率。包括货架形式、货格的尺寸等。

（2）堆垛机。堆垛机是整个自动化立体仓库的核心设备，通过手动操作、半自动操作或全自动操作实现把货物从一处搬运到另一处。它由机架、水平行走机构、提升机构、载货台、货叉及电气控制系统构成。

（3）输送系统。应根据物流图合理选择输送机的类型，包括辊道输送机、链条输送机、皮带输送机、升降移载机、提升机等。同时，还要根据仓库的瞬时流量合理确定输送系统的速度。

（4）辅助设备。根据仓库的工艺流程及用户的一些特殊要求，可适当增加一些辅助设备，包括手持终端、叉车、平衡吊等。

（5）初步设计控制系统及仓库管理系统（Warehouse Management System，WMS）的各功能模块。根据仓库的工艺流程及用户的要求，合理设计控制系统及仓库管理系统。控制系统及仓库管理系统一般采用模块化设计，便于升级和维护。

（6）仿真模拟整套系统。对整套系统进行仿真模拟，可以对立体仓库的储运工作进行较为直观的描述，发现其中的一些问题和不足，并作出相应的更正，以优化整个 AS/RS 系统。

7.1.7 自动化立体仓库系统的优点

（1）节约仓库占地面积，充分地利用仓库的空间。由于自动化立体仓库采用大型仓储货架的拼装，又加上自动化管理技术使得货物便于查找，因此建设自动化立体仓库就比建设传统仓库所需占地面积小，但是空间利用率更大。

（2）自动化管理提高了仓库的管理水平。自动化立体仓库采用计算机对货品信息进行准确无误的信息管理，减少了在存储货物中可能会出现的差错，提高了工作效率。同时，自动化立体仓库在入库出库的货品运送中实现机动化，搬运工作安全可靠，减少了货品的破损率，还能通过特殊设计使一些对环境有特殊要求的货品能有很好的保存环境，如有毒、易爆的货品，避免人在搬运货品时受到伤害。

（3）自动化立体仓库可以形成先进的生产链，促进生产力的进步。由于自动化立体仓库的存取效率高，因此可以有效地连接仓库外的生产环节，可以在存储中形成自动化物流系统，从而形成有计划、有编排的生产链，使生产能力大幅度提升。

7.2　自动化立体仓库建模仿真案例分析

7.2.1　问题描述

1. 公司生产及出入库流程简介

某玩具加工厂所生产加工的六种不同类型的玩具零件既自用又对外销售。该厂为每天 8 小时工作制，零件生产的到达时间间隔服从比例为 5，渐近线为 0 指数分布。根据计划安排，车间所生产 30% 左右的零件通过传送带进入下一道生产工序，70% 左右的零件需要办理入库。当生产线中所需零件供应不足时，可以从仓库中领取所需零件。该厂采用单元货架式自动化立体仓库对玩具零件进行存储，零件在仓库中根据不同类型存放到不同的货架上。自动化立体仓库主要由入库分拣区、入库处理区、货物存储区、出库处理区、出库分拣区五大部分组成，各部分功能通过不同的设施、设备配合参数设置得以实现。

2. 系统流程分析

零件发生器模拟产生 6 种不同类型的可组装零件，有大约 30% 的产品通过传送带传送后由专用的叉车送到下一工序的不同类型的半成品存放区，另有大约 70% 的产品需要入库。在入库分拣区根据产品类型将 6 种不同的零件通过"直线传送带 1""弯曲传送带 1"，通过"直线传送带 2～7"分别传送到"直线传送带 8～13"。在入库处理区，托盘发生器及时供应六种类型的托盘并送至容量为 100 的托盘暂存区，每名操作员负责将两个传送带上的零件送入各自对应的合成器上进行装盘打包，每盘装有 6 个相同的零件。装盘后的产品由两辆叉车分别送到 3 个处理器，在处理器上办理检验及信息的采集等入库手续，检验每盘产品及处理入库信息所需时间服从均值为 30 秒，标准差为 2 秒的正态分布。办理完入库手续的托盘通过"直线传送带 14～18""弯曲传送带 2"以及"传送带 16""传送带 18""传送带 20"进入容量为"20"的入库缓存区，然后再有堆垛机分类放入各自货架中，其中类型 1、类型 2 的货物分别存放名称为"货架 1""货架 2"的第 1 组货架上，类型 3、类型 4 的货物分别存放名称为"货架 3""货架 4"的第 2 组货架上，类型 5、类型 6 的货物分别存放名称为"货架 5""货架 6"的第 3 组货架上，至此完成产品的入库。而出库产品则由堆垛机将货物从货架上送到出库暂存区，再通过"传送带 17""传送带 19"或"传送带 21"送至公用传送带上，完成产品的出库运输工作。

传送带速度为 1 米/秒。货物在货架中的停留时间最少为一天，即 86400 秒，每排货架的最大容量为 300，当储存的货物量超过 300 时，不再入库。

出库处理区有两台处理器模拟办理出库信息采集造成的延时，办理完出库手续的产品主要用于外销，在外销传送带忙碌或外销暂存区存量达到 20 个时，货物将进入到本公司生产线中。出库分拣区主要对货物进行拆包、分解器 1 负责对类型 1、类型 2、类型 3 的包装物进行拆包，分解器 2 负责对类型 4、类型 5、类型 6 的包装物进行拆包，分解器将货物与托盘分离，托盘由吸收器吸收，拆包后的产品由叉车 4 根据产品的类型分别送到生产线中各自的暂存区，再根据生产需求由叉车 1 运到下一道生产工序，外销的产品也有叉车 4 运往外销车辆。

玩具加工企业希望通过建立仿真模型解决以下问题：

（1）对模型中的操作员、叉车、合成器、堆垛机的运行情况进行分析，考虑能否进行优化。

（2）要求该立体仓库额定入库量 220 盘/天，出库量每天 200 盘，每天工作 8 小时（28800 秒），试找到一个合理的方案，满足立体仓库出入库要求，提高设备利用率。

7.2.2 模型布局及连接

1. 模型布局

根据生产、分拣、入库、存储、出库、进入车间生产或外销的工作流程，模型会涉及发生器、传送带、合成器、处理器、货架、暂存区、吸收器等模型实体。各模型实体的基本功能信息见表 7.1。从表 7.1 中可以看出，存在多个相同建模实体的情况，如有 18 个暂存区，在待入库暂存区域、半成品暂存区域、销售暂存区域各有 6 个。对于这种有多个相同临时实体的情况，创建实体通常采用快捷方法，即用鼠标左键点击模型库中的某个实体，然后用鼠标在建模区相应位置点击一下，即可创建一个该建模实体，不需每次从建模库中拖曳相关实体。为了便于区分理解，对部分实体进行了重新命名，创建完成的模型布局如图 7.1 所示。

自动化立体仓库模型布局和连接

表 7.1　　　　　　　　　　　模型实体的基本功能信息表

序号	实体	数量	基 本 功 能
1	发生器	2	分别模拟产出零配件和托盘
2	传送带	49	包括直线传送带和弯曲传送带，短距离运送小型货物
3	暂存区	18	短时间存放各种临时实体，起到缓冲的作用
4	合成器	6	模拟打包，将多个临时实体按照指定的数量装入托盘
5	处理器	5	模拟货物出、入库时信息采集及其他处理
6	货架	6	分别存放指定类型的包装好的产品
7	堆垛机	3	用于在空间距离较小的货架上存、取货物
8	操作员	6	向合成器或传送带搬运零件
9	叉车	4	将零件或完成合成后的产品送往下一工序
10	分解器	1	将准备使用的产品拆包，包装物与零件分离
11	吸收器	2	表示临时实体离开本系统，进入下一个系统

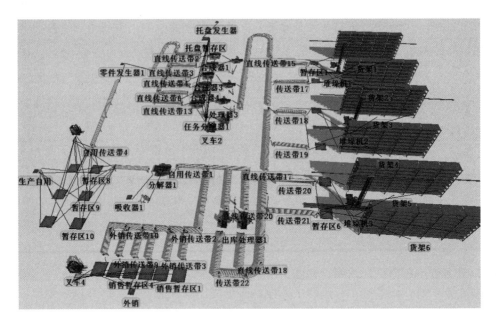

图 7.1　整体布局图

2．模型连接

（1）A 连接、S 连接。模型中用到的连接方式有 A 连接、S 连接两种连接方式。A 连接通常用于同类实体之间或网络节点与实体之间以及网络节点之间的连接，代表临时实体或信息的流向。S 连接用于不同类实体之间的连接，S 连接是为了达到引用或传递信息的目的而采用的连接。

A 连接的实体有零件发生器与直线传送带 1、零件发生器与直线传送带 4、托盘发生器与托盘暂存区、托盘暂存区与合成器、任务分配器与叉车等。

S 连接的实体有操作员与传送带、合成器与任务分配器、堆垛机与货架、堆垛机与暂存区等。

（2）连接操作。对于同一个实体连接到多个相同实体的情况。通过框选或点选的办法选中多个相同实体，然后连接其中任意一个选中的实体就可实现与多个选中实体的连接。框选时用"Shift＋鼠标左键"框选实体，即可选中多个连续的实体，点选时用"Ctrl＋鼠标左键"，可以任意选择多个相邻或不相邻的实体。被选中的实体显示红色，因此该方法被称为红选。连接时只要其他实体连接中的一个红色实体被选中，其余红色实体也会被连接上。其实际连接顺序按从实体库中拖出的顺序进行排序。按住"Shift＋鼠标左键"，点击空白处即可取消红选。

3．传送带之间的连接

传送带模块是从固定类资源实体中分离出来的。在早期 Flexsim 版本中，传送带属于固定类资源实体，传送带和发生器、暂存区、传送带之间的连接采用 A 连接。而对于只有一个输出端口和一个输入端口的两条传送带之间连接时，可以将第二条传送带的起始端靠近另一条传送带的输出端，即可完成两条传送带之间的连接，而无须再用 A 连接进行连接。例如，"直线传送带 1"与"弯曲传送带 1"之间、"弯曲传送带 1"与"直线传送带 2"之间均需通过此种方式连接。

7.2.3 参数设置

1. 入库分拣区模型

（1）入库分拣区模型布局及连接。入库分拣区依靠传送带上的分拣功能进行分拣，根据临时实体的不同类型自动进入不同的运输路径。该区域的传送带之间模型连接及布局如图 7.2 和图 7.3 所示。在通过"直线传送带 2"的产品中，类型 1 的产品进入"直线传送带 8"，其余产品继续沿直线前进并进入"直线传送带 3"。同理，通过"直线传送带 3"的产品中，类型 2 的产品进入"直线传送带 9"，其余产品继续沿直线前进并进入"直线传送带 4"，以此类推，直至各类型产品分别进入到各自的传送带，进而被送到各自的专用加工设备上。

入库分拣
区模型参
数设置

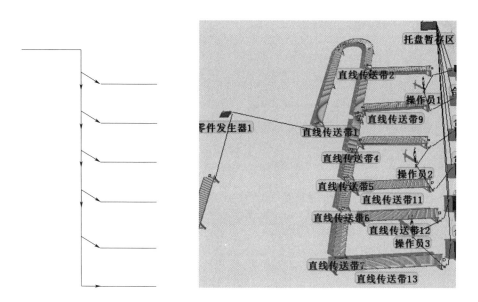

图 7.2 入库分拣区运输连接方式   图 7.3 入库分拣区传送带模型布局

（2）发生器。本模型涉及两个发生器，分别是零件发生器和托盘发生器。双击"零件发生器"打开其属性界面，选择"零件发生器"属性界面中的"发生器"选项卡，点击"到达时间间隔"编辑框右侧的下拉菜单，在弹出的菜单中选择"统计分布"，在接下来弹出的系列统计分布函数中选择"exponential"（指数分布），将"渐位线"设置为"0.0"，"比例"设置为"5.0"，如图 7.4 所示。

选择"触发器"选项卡，选择"触发

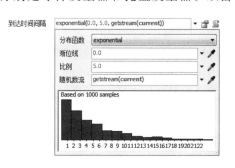

图 7.4 到达时间间隔参数设置

器"左上方的"＋"，在弹出的菜单中选择"On Creation"，再点击编辑框右侧的
"＋"，在弹出的菜单中依次选择"数据设置""设置临时实体类型和颜色"，在弹出
的"设置临时实体类型和颜色"选项卡中，将"duniform（1，3，getstream（cur-
rent）)"改为"duniform（1，6，getstream（current）)"。表示均匀的产生类
型为 1~6 的六种类型的临时实体，如图 7.5 所示。

　　选择"临时实体流"选项卡，点击"发送至端口"编辑框右侧的下拉菜单，在
弹出的菜单中选择"按百分比"。因为零件发生器有两个输出端口，因此在弹出的
"百分比"参数设置界面中，点击"＋"，增加一个输出端口的参数设置项，根据入
库及自用情况，参数设置如图 7.6 所示。

图 7.5　临时实体类型和颜色参数设置

图 7.6　发送至端口参数设置

　　（3）传送带。零件发生器产生的六种临时实体中有 70％经过"直线传送带 1"
到达"弯曲传送带 1"，再进入"直线传送带 2"。临时实体的分拣是根据传送带
上的类型识别设备来实现的，"直线传送带 2"上的不同类型临时实体进入不同的
传送带，类型 1 的临时实体由"直线传送带 2"进入"直线传送带 8"，再进入
"合成器 1"，其他类型的临时实体由"直线传送带 2"进入"直线传送带 3"，如
图 7.7 所示。通过直线传送带 3 的临时实体中，类型为 2 的临时实体离开"直线
传送带 3"时进入"直线传送带 9"，再进入"合成器 2"，其余类型的临时实体则
进入"直线传送带 4"。其余临时实体分拣过程与此基本相同。为此，双击"直线
传送带 2"的离开衔接点，点击"发生至端口"编辑框右侧的下拉菜单。在弹出的
菜单中选择"根据不同的 Case 选择输出端口"，在弹出的"Case 函数"中，将默认
输出端口改为"2"，将 Case1 后面的 Port 端口改为"1"，如图 7.8 所示。该参数设
置的含义是如果临时实体的类型为 1，则该临时实体被发送到端口 1，进而实现通
过端口 1 输出到与端口 1 相连接的实体中。本模型中类型为 1 的临时实体通过端口
1 进入到与端口 1 相连接的"直线传送带 8"。"直线传送带 3~7"的设置与"直线
传送带 2"的设置基本相同。通过设置，实现不同类型的临时实体进入到不同的合
成器中。

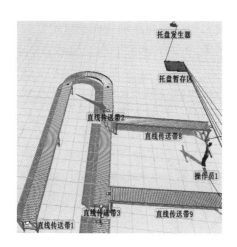

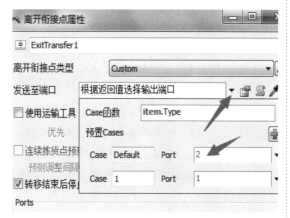

图 7.7 传送带分拣处的连接　　　　图 7.8 分拣传送带离开衔接点参数设置

2. 入库处理区模型

（1）入库处理区的模型布局及连接。入库处理区主要是对要进入仓库货架中临时实体先按要求进行打包，进行检验及入库信息的处理，然后通过传送带将不同的临时实体送入相应的入库暂存区，再通过堆垛机将其放入不同的货架，该区的模型布局及连接如图 7.9 所示。

入库处理
区模型参
数设置

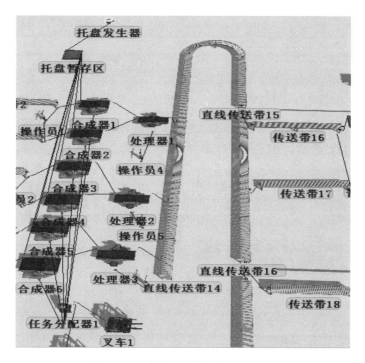

图 7.9 入库处理区模型布局及连接

（2）托盘发生器。双击"托盘发生器"打开其属性界面，在"发生器"选项卡界面中，点击"临时实体种类"编辑框右侧的下拉菜单，在弹出的功能菜单中选择"Pallet"（托盘），用以模拟包装物。在"到达时间间隔"编辑框中直接输入"0"，表示包装物可随时使用。参数设置如图 7.10 所示。

（3）合成器。临时实体进入合成器后，合成器将相同类型的 6 个临时实体打包在一个托盘中，便于在仓库中存放。根据合成器的特点，托盘暂存区要连接到合成器的输入端口 1 上，确保进入合成器的第一个临时实体是包装物——托盘，确认合成器的输入端口 1 是否连接到托盘暂存区，可以点击"合成器 1"属性界面中的"常规"选项卡，查看端口框中的输入端口。如果输入端口 1 连接的不是托盘暂存区，则可选定托盘暂存区，点击端口显示框右侧的上下"排序"按钮，使得托盘暂存区连接到输入端口 1 上，参数设置如图 7.11 所示。

图 7.10　托盘发生器参数设置

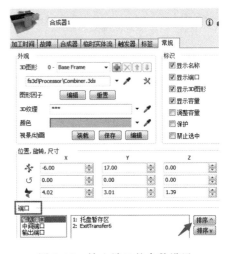

图 7.11　输入端口的参数设置

由于打包的目的是便于存放，以后还要进行拆包，将单个零件投入到实际生产中。因此，选择"合成器 1"属性界面中的"合成器"选项卡，在合成模式中选择"打包"。在"组成清单"编辑框中将"Target Quantity"（目标数量）改为"6"。即每个托盘中包含 6 个临时实体零件，如图 7.12 所示。

图 7.12　合成模式及组成清单设置

选择"合成器 1"属性界面中"临时实体流"选项卡，选中"使用运输工具"前的复选框。表示临时实体由"合成器 1"运输到"处理器 1"时要使用运输设备。而两辆运输设备都没有与合成器直接进行 S 连接，其信息的传递、调运运输工具是通过与各合成器相连接的任务处理器完成的，而且两辆叉车之间的工作模式是由任务分配器的设置决定的。

（4）处理器。打包后的临时实体入库时要进行检验和信息采集，完成每一托盘临时实体的检验及入库信息采集所需时间服从均值为 30 秒，标准差为 2 秒的正态分布。通过点击"处理器 1"，选中"处理器"选项界面中"加工时间"右侧的下拉菜单，在弹出的菜单中依次选择"统计分布""Normal"，在弹出的统计分布函数设置界面将"均值"改为"30.0"，"标准差"改为"2.0"，处理器参数设置如图 7.13 所示。其他处理器的参数设置与此类似。

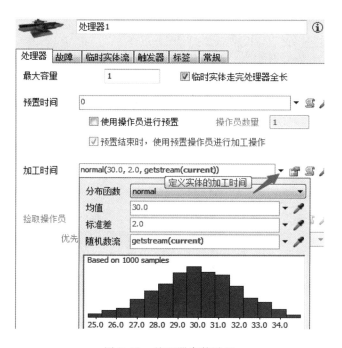

图 7.13　处理器参数设置

（5）入库处理区传送带。打好包的货物通过"直线传送带 15"流向"传送带 16"和"直线传送带 16"。"直线传送带 15"与"传送带 16"和"直线传送带 16"之间均通过 A 连接建立联系。类型 1、类型 2 的临时实体通过"直线传送带 15"的离开衔接点进入"传送带 16"，其他类型的临时实体则进入"直线传送带 16"。进入"直线传送带 16"的临时实体根据临时实体类型选择不同的流向，即类型为 3、4 的临时实体进入"传送带 18"，其余类型的临时实体进入"直线传送带 17"。操作时放大"直线传送带 15"末端，双击离开衔接点，在弹出的"离开衔接点属性"界面中，点击"发送至端口"编辑框右侧的下拉菜单，在弹出的菜单中选择"根据不同的 Case 选择输出端口"，弹出"Case 函数"设置界面，点击"＋"，增加一个 Case 选择记录行，将 Case 函数默认端口设置为"2"，类型 1、类型 2 的临时实体的输出端口设置为"1"，其参数设置如图 7.14 所示。表示如果临时实体为类型 1、类型 2，则该类型的临时实体通过输出端口 1 输出到与输出端口 1 相连接的实体中，在本模型中则输出到"传送带 16"。其他未单独列出类型的临时实体则通过默认的输出端口 2 进入到与输出端口 2 相连接的实体中,本模型中则输出到"直线传送带 16"。由于当货架中的货物达到 300 时,将不再入库,所以"传送带 16"有两个输出端口,端口 1 与"暂存区 1"相连,端口 2 与"传送带 17"相连。其他分拣传送带端口的设置与此类似。

图 7.14 直线传送带 15 离开衔接点参数设置

3. 货物储存区

(1) 货物储存区模型布局及连接。货物储存区主要完成货物上架入库和下架出库。类型 1、类型 2 的货物通过"传送带 16"进入"暂存区 1",然后由"堆垛机 1"将类型 1 的货物放入"货架 1",类型 2 的货物放入"货架 2"。每排货架的最大容量为 300,当储存的货物超过 300 时,接下来从"传送带 16"传送过来的货物将不再入库,而是直接从"传送带 16"传送到"传送带 17"上。出库时由"堆垛机 1"将"货架 1"和"货架 2"上的货物送入暂存区 2,再通过"传送带 17"送入公用的"直线传送带 16"上,其货物存储区布局图如图 7.15 所示。

(2)"暂存区 1"参数设置。"暂存区 1"是货物入库的缓存区,与"货架 1""货架 2"均建立 A 连接,与堆垛机建立 S 连接。办理完入库手续后,类型 1、类型 2 的货物在由"堆垛机 1"放入对应货架前暂时放入该暂存区。双击"暂存区 1"打开其属性界面,在"暂存区"选项卡中将"最大容量"设置为"20",如图 7.16 所示。其他暂存区的容量设置与此基本相同。再选择"临时实体流"选项卡,点击"发送至端口"编辑框右侧的下拉菜单,在弹出的功能菜单中选择"根据不同的 Case 选择输出端口",随即弹出"Case 函数"设置界面。由于有两种类型的临时实体,所以点击"+",添加一个 Case 语句行,在对应的 Port 端口号中分别输入"1"

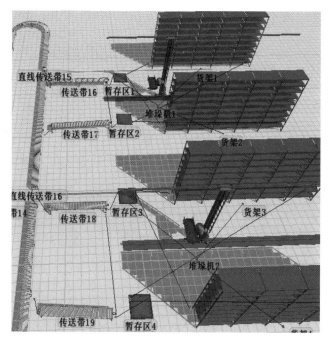

图 7.15 货物存储区布局图

"2"。由于"暂存区 1"中的临时实体送入货架需要一定的专用设备，在"暂存区 1"与"堆垛机 1"进行了 S 连接的基础上，在"暂存区 1"中"临时实体流"选项卡的设置界面中，选中"使用运输工具"前的复选框，即可实现调用"堆垛机 1"的操作，其参数设置如图 7.17 所示，"暂存区 3""暂存区 5""暂存区 7"的设置与此类似。

图 7.16 "入库暂存区 1"最大容量设置

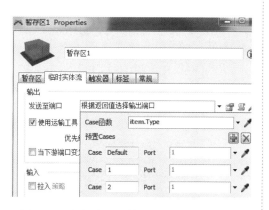

图 7.17 根据临时实体类型设置输出端口号

（3）货架 1 参数设置。打开"货架 1"的属性对话框，选择"货架"选项卡，将"最小停留时间"设置为"86400"秒，即一天，最大容量设置为"300"，将"放置到列"设置为"第一个可用列"，将"放置到层"设置为"第一个可用层"，如图 7.18 所示，其他货架设置同上。

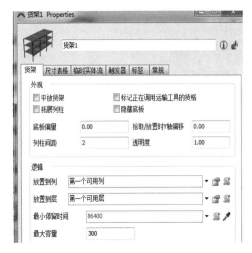

图 7.18　"货架 1"参数设置

（4）"暂存区 2"参数设置。"货架 1""货架 2"与"暂存区 2"均建立 A 连接，出库货物通过"堆垛机 1"将货物从"货架 1""货架 2"上送到"暂存区 2"中。"暂存区 2"与传送带 17 建立 A 连接，出库货物由"暂存区 2"进入"传送带 17"。双击"暂存区 2"打开其属性界面，在"暂存区"选项卡中将"最大容量"设置为"20.0"，具体操作可参照图 7.16 所示。

4．出库处理区

（1）出库处理区模型布局及连接。出库处理区有 2 台处理器、2 台分解器、1 名操作员和 1 个机械人对出库货物进行处理。类型 1、类型 2、类型 3 的出库货物由"弯曲传送带 3"进入"直线传送带 19"，类型 4、类型 5、类型 6 出库货物由"弯曲传送带 3"进入"传送带 22"，再经过处理器进行信息采集，办理出库手续，然后经"直线传送带 21"的传送后，80% 的货物进入"外销传送带 1"，20% 的货物进入"自用传送带 1"。自用货物由自用传送带 1 送入分解器 1，经"分解器 1"将每托盘货物分离，拆解成最初的托盘和 6 个玩具零件，托盘由"吸收器 1"吸收，6 个玩具零件根据其类型被送至各自自用暂存区。出库处理区整体布局如图 7.19 所示。

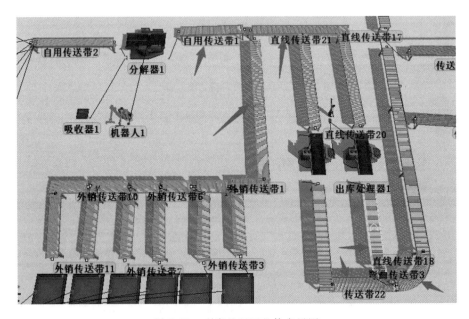

图 7.19　出库处理区整体布局图

（2）出库处理区传送带参数设置。双击"弯曲传送带 3"的离开衔接点打开"离开衔接点属性"界面，点击"发送至端口"编辑框右侧的下拉菜单，在弹出的菜单中选择"根据不同的 Case 选择输出端口"，在弹出的"Case 函数"设置界面中，点击 6 次"＋"，出现 6 个 Case 设置函数，将 Case 值为 1、2、3 的对应端口 Port 均设置为"1"，Case 值为 4、5、6 的对应端口 Port 均设置为"2"，表示类型 1、类型 2、类型 3 货物通过端口 1 输出至"直线传送带 19"，类型 4、类型 5、类型 6 的货物通过端口 2 输出至"传送带 22"，具体设置如图 7.20 所示。

通过"直线传送带 21"的货物 80％用于销售，进入"销售传送带 1"，20％的货物自用，进入"自用传送带 1"。因此，双击"直线传送带 21"离开衔接点，打开"离开衔接点属性"对话框，点击"发送至端口"编辑框右侧下拉菜单，在弹出的菜单中依次点击"随机""按百分比"，弹出"指定百分比和对应值"设置界面，点击"＋"，将"百分比"值为"20"的对应端口设置为"1"，将"百分比"值为"80"的对应端口设置为"2"，具体设置如图 7.21 所示。

图 7.20　"弯曲传送带 3"离开衔接点
参数设置

图 7.21　"直线传送带 21"参数设置

（3）出库处理器参数设置。出库处理器主要模拟核对货物类型、采集信息时所消耗的时间。由于处理每托盘货物所需时间服从均值为 20 秒，标准差为 2 秒的正态分布。因此，在"处理器 1"的"处理器"选项卡中，点击"加工时间"编辑框右侧的下拉菜单，选择"normal"（正态分布），其参数设置如图 7.22 所示。

（4）"分解器 1"参数设置。进入"自用传送带 1"的货物需要拆解成单个零件后才能使用。货物通过"分解器 1"完成拆包，通过与分解器 S 连接的"机器

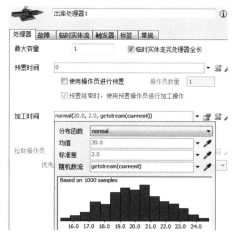

图 7.22　处理器加工时间参数设置

图 7.23　分解器分解方式参数设置

人 1"将零件送入"自用传送带 2"，将包装物托盘送入托盘吸收器。在"分解器 1"的"分解器"选项卡中选中"拆包"分解方式，如图 7.23 所示。分解器的"加工时间"设置如图 7.24 所示，在托盘及玩具零件的去向上采用了系统默认的"发送至端口"设置，即从端口 1 输出托盘至"吸收器 1"，从端口 2 输出零件至"自用传送带 2"，设置如图 7.25 所示。

图 7.24　分解器加工时间参数设置

图 7.25　分解器临时实体流参数设置

出库分拣区模型参数设置

5. 出库分拣区模型

（1）出库分拣区整体布局。出库分拣包括两部分：一部分是用于对外销售的产品无须拆包，外销货物经过"外销传送带 2"进入"外销传送带 3"和"外销传送带 4"，其中类型为 1 的货物经"外销传送带 3"进入"销售暂存区 1"。其他类型的货物经过"外销传送带 2"进入"外销传送带 4"。同理，类型为 2 的货物经过"外销传送带 5"进入"销售暂存区 2"，其他类型的货物经过"外销传送带 4"进入"外销传送带 6"。以此类推，最终使类型为 1～6 的外销货物分别进入"销售暂存区1～6"。销售暂存区中的货物由"叉车 4"装入到外销车辆。另一部分是分解后的零件通过"自用传送带 2"，按照零件类型由"叉车 3"分别送到用于存放自用零件的"暂存区 8～13"中，该部分模型基本布局及连接如图 7.26 所示。

（2）出库分拣区参数设置。设置外销货物的货物流向时，双击"外销传送带 2"的离开衔接点打开"离开衔接点属性"界面，点击"发送至端口"编辑框右侧的下拉菜单，在弹出的"Case 函数"设置界面中，点击 1 次"＋"，添加 1 个 Case 语句，将"Case"值为"1"的对应端口设置为"1"，同时将默认端口设置为"2"，设置如图 7.27 所示。其含义为如果货物类型为 1，则该货物从端口 1 输出到"外销

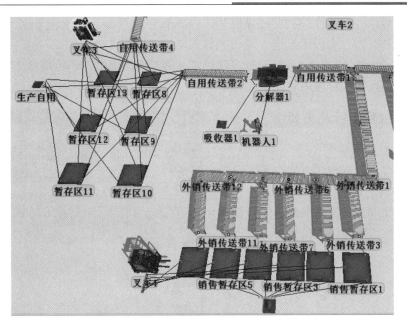

图 7.26　出库分拣区基本布局及连接图

传送带 3"，其余未列出的货物类型因为没有明确的输出端口，只能从默认端口 2 输出至与端口 2 相连接的"外销传送带 4"中。"外销传送带 4""外销传送带 6""外销传送带 8""外销传送带 10"的参数设置与"外销传送带 2"设置基本相同，只是将"Case"值分别改为"2""3""4""5"。

图 7.27　外销分拣区传送带参数设置

　　设置自用部分货物的流向时，双击"自用传送带 2"的离开衔接点打开其属性界面，点击"发送至端口"编辑框右侧的下拉菜单，在弹出的功能菜单中选择"根据不同的 Case 选择输出端口",弹出"Case 函数"设置界面,点击 6 次"＋",将 Case 值为 1～6 的对应端口 Port 也分别设置为"1""2""3""4""5""6",如图 7.28 所示。表示类型为 1～6 的零件分别从端口编号为 1～6 的端口中输出到与该端口相连接的各自自用零件暂存区中。

自动化立体
仓库仿真运
行及分析

7.2.4　仿真运行及分析

1. 运行时间设置

为了对比分析相同时间内不同布局或参数设置下模型运行状况及改进效果,需要让模型在不同状况下运行相同的时间,因此需要设置模型的仿真运行时间。

点击"运行"控制栏中"运行时间"编辑框右侧的下拉菜单,在弹出的菜单中选择"停止时间"前的复选框,由于每天只工作 8 小时,因此,输入"288000.00"秒,即可代表 10 天,设置如图 7.29 所示。

图 7.28　自用分拣区传送带参数设置

图 7.29　模型运行时间参数设置

2. 运行模型

点击"运行"控制栏中的"重置""运行",模型运行且仿真运行到 288000.00 秒时停止运行,模型运行状况如图 7.30 所示。

3. 添加仪表

点击工具栏中的"Dashboards",在弹出的菜单点击"Dashboard",随即在建模区的右侧弹出 Dashboard 界面,建模区左侧的实体库也相应变成常用创建仪表系列图表。选择并拖曳状态统计中的"饼状图"至仪表盘 Dashboard 中,随即弹出饼状图的选择界面,依次点击"＋""Select Object",弹出模型中涉及的所有实体,选中适合用于饼状图反映运行状况的实体,最后点击"选中"按钮,如图 7.31 所示。所建饼状图仪表在模型运行时如图 7.32 所示,图中"Idle"表示各实体的空闲时间占比;"Processing"表示"处理器 1"的加工时间占比或"合成器 1"打包时间占比;"Blocked"表示"合成器 1"打包完成后因不能及时将货物运走造成的堵

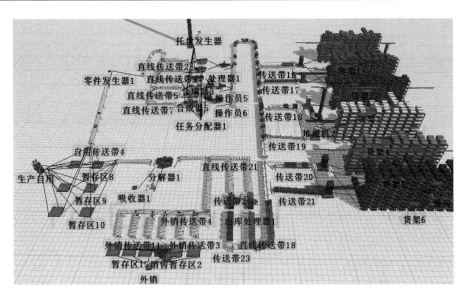

图 7.30 模型运行状况图

塞时间占比；"Collecting"表示"合成器 1"收集临时实体时间占比；"Waiting for operator"表示"合成器 1"上打包后的货物等待操作员运走的时间占比；"Waiting for transport"表示"合成器 1"上打包后的货物等待叉车运走的时间占比；"Travel empty"表示"叉车 1"空载运行时间占比；"Travel loaded"表示叉车负载运行时间占比；"Offset travel empty"表示空载偏移运行时间占比；"Offset travel loaded"表示负载偏移运行时间占比；"Utilize"表示操作员有效利用时间占比；图中数据为人员或设备的工作时间占比。其他设施设备仪表的创建与此类似。

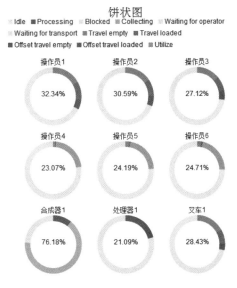

图 7.31 选择饼状图关联的实体   图 7.32 入库分拣区人员设备运行状况饼状图

4. 导出运行数据

无论直接观察模型运行或是借助仪表查看模型运行状况，均不方便对模型运行的各环节数据进行系统分析，因此需要将模型运行一定时间段后的具体数据导出后分析。

（1）导出汇总数据。模型运行 288000.00 秒停止，点击工具栏中的"报告与统计"按钮，如图 7.33 所示。弹出报告与统计的汇总报告设置界面，如图 7.34 所示。选择"标准属性"中所需指标至"属性报告"框中，再点击"生成报告"按钮就可生成反映各实体的汇总指标，对部分指标相同的实体进行删除整理后形成汇总表见表 7.2。

图 7.33　报告与统计按钮

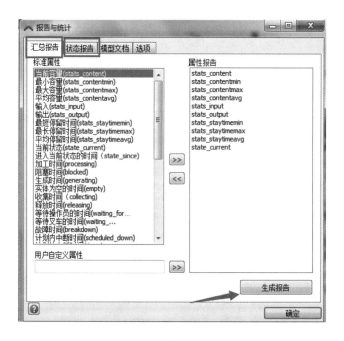

图 7.34　汇总报告设置界面

表 7.2　　　　　　　　　　　部分模型实体运行数据汇总表

指　标	当前容量 /个	最大容量 /个	平均容量 /个	输入数 /个	输出数 /个	平均停留时间 /秒
零件发生器 1	0	0	0.000000	0	51951	0.00
操作员 1	1	1	0.153595	12174	12173	3.54

续表

指 标	当前容量 /个	最大容量 /个	平均容量 /个	输入数 /个	输出数 /个	平均停留时间 /秒
合成器 1	0	2	1.000000	7147	7146	0.00
处理器 1	0	1	0.427942	2027	2027	24.98
货架 1	299	300	256.620673	1002	703	86408.57
暂存区 1	20	20	13.968694	2026	2006	7.79
暂存区 2	0	20	3.565663	1406	1406	0.00
堆垛机 1	1	1	0.287943	3413	3412	19.08
托盘暂存区	500	500	500.000000	6583	6083	0.00
出库处理器 1	1	1	0.233628	2113	2112	15.14
暂存区 8	1	4	0.197855	2629	2628	0.67
叉车 3	2	5	1.142965	15742	15740	5.75
外销	1	1	0.696844	4227	0	0.00
叉车 4	1	2	0.191221	1403	1402	27.20
销售暂存区 1	0	17	0.456641	701	701	16.28

（2）导出运行状态数据。选择"报告与统计"界面中的"状态报告"界面，如图 7.35 所示，在"可用状态"列表框中选择所需指标到报告框中，选中"以百分比的形式显示值"前的复选框，点击"生成报告"，即可生成反映设备、人员运行状态的统计报表。进行整理后生成运行状态汇总表见表 7.3。

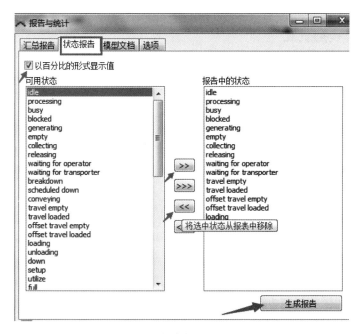

图 7.35 状态报告设置界面

表 7.3		部分模型实体运行状态表		单位:%
指　标	空闲时间占比	加工时间占比	空载移动时间占比	负载移动时间占比
零件发生器 1	0.00	0.00	0.00	0.00
操作员 1	67.66	0.00	16.62	10.16
合成器 1	0.00	10.63	0.00	0.00
处理器 1	57.21	21.09	0.00	0.00
堆垛机 1	50.68	0.00	0.00	0.00
出库处理器 1	76.64	14.73	0.00	0.00
叉车 1	71.57	0.00	16.63	8.02
叉车 2	92.58	0.00	4.21	2.17
叉车 3	23.41	0.00	24.84	45.59
叉车 4	76.05	0.00	2.75	3.47

5. 模型运行结果分析

模型运行 288000.00 秒（10 天）后，通过快捷属性、仪表盘和导出的运行数据表可以看出零件发生器共产生 51951 个零件，其中有 15729 个直接进入了生产区域，其余的进入入库渠道。送入合成器的托盘有 6083 个，入库分拣区 3 名操作员搬运零件的工作量分别为 12174 个、12177 个、12112 个，3 名操作员的利用率均为 30% 左右，"叉车 1" 和 "叉车 2" 的利用率分别为 28.4% 和 7.4%。入库处理区 3 台处理器的加工时间占比均为 21% 左右，3 名操作员的利用率均为 24% 左右。由此可以看出入库分拣区 3 名操作员和入库处理区的 3 名操作员的利用率都有较大的提升空间，入库处理区的 3 台处理器的利用率也有较大的提升空间。

7.2.5　仿真模型优化

1. 优化模型

在保证按时按质完成工作的情况下，经过模型测试，将入库分拣区的操作员减少一名，留下的两名操作员在工作分配策略上采用循环可用的协调工作模式，搬运合成器打包后产品的两辆叉车减少一辆，入库处理器及操作员减少一组，留下的每组设备各负责办理 3 个合成器合成产品的入库手续，优化后的模型如图 7.36 所示，其他部分优化与此类似。

2. 优化后仿真分析

（1）仪表运行状况。优化后的模型，减少了 2 名操作员、1 台处理器和 1 辆叉车，保留 "操作员 2" 和 "叉车 1"，仪表盘显示结果如图 7.37 所示，图中 "Idle"表示各实体的空闲时间占比；"Processing" 表示 "处理器 1" 的加工时间占比或"合成器 1" 打包时间占比；"Blocked" 表示 "合成器 1" 打包完成后因不能及时将货物运走造成的堵塞时间占比；"Collecting" 表示 "合成器 1" 收集临时实体时间占比；"Waiting for operator" 表示 "合成器 1" 上打包后的货物等待操作员运走的时间占比；"Waiting for transport" 表示 "合成器 1" 上打包后的货物等待叉车运走

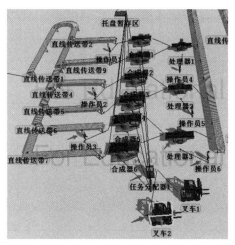
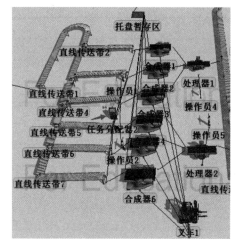

| （a）优化前 | （b）优化后 |

图 7.36　模型优化前后的对比图

的时间占比；"Travel empty"表示"叉车 1"空载运行时间占比；"Travel loaded"
表示"叉车 1"负载运行时间占比；"Offset travel empty"表示空载偏移运行时间占
比；"Offset travel loaded"表示负载偏移运行时间占比；"Utilize"表示操作员有效
利用时间占比；图中数据为人员或设备的工作时间占比。

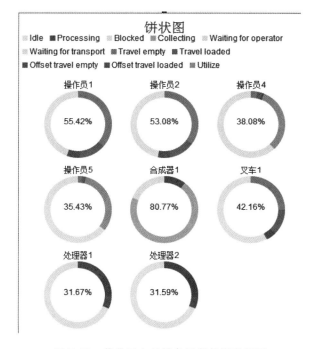

图 7.37　优化后人员设备运行状况饼状图

（2）优化前后模型运行数据分析。通过对模型优化前后的一些主要指标进行数
据对比，可以清楚地体现出优化效果，见表 7.4。

表 7.4		模型优化前后主要指标对比表		
指标	单位	优化前	优化后	增加值（优化后-优化前）
零件发生器输出量	个	51951	51960	9
托盘暂存区输出量	个	6074	6075	1
操作员 1 利用率	%	32.13	55.42	23.29
操作员 2 利用率	%	30.72	53.08	22.36
操作员 4 利用率	%	23.07	38.08	15.01
操作员 5 利用率	%	24.19	35.43	11.24
叉车 1 利用率	%	28.43	42.16	13.73
处理器 1 利用率	%	29.00	31.67	2.67
处理器 2 利用率	%	7.22	31.59	24.37

观察仪表和对比优化前后的部分实体的运行指标可以看出，在零件发生器参数设置不变的情况下，通过优化入库分拣区及入库处理区工作方法和流程，共减少了2名操作员、1台叉车、1台处理器，系统运行流畅且完成工作量基本相同，达到了提高整体运行效率、节约人力物力、降低系统成本的优化目标。

值得注意的是该优化是在一定条件下进行的一定程度的优化，并非最优优化方案。随着物流条件及设备技术的变化，优化方案也要不断进行调整。

本 章 小 结

本章较详细地学习了自动化立体仓库的概念、分类、应用领域、仓库系统组成及其优越性能等内容。在此基础上，以某玩具加工公司自动化立体仓库为研究对象，系统地学习了根据企业的生产计划需要进行产品入库、储存、出库等复杂的生产、运输和储存过程。为了能详细地研究这一复杂系统，重点对入库分拣区、入库处理区、货物存储区、出库处理区、出库分拣区的模型布局、连接、参数设置等众多知识点进行了详细讲解。其中，同一条传送带将不同产品运输到不同地点的参数设置是本章的重难点。另外，对模型的运行及优化分析也进行了重点讲解。该章节的学习有助于培养同学们对复杂生产仓储系统流程进行建模仿真、分析及优化的技能，树立将先进的仿真技术应用于解决复杂的物流系统布局和系统优化的思维意识。

思 考 与 习 题

1. 自动化立体仓库的基本业务流程是怎样的？
2. 简述如何在传送带之间完成连接。
3. 简述如何在模型中设置传送带参数，使得传送带具有分拣功能。
4. 简述合成器输入端口连接特点及基本参数设置。
5. 如何设置货架参数才能使临时实体放置更有规律？

参 考 文 献

[1] 马向国，孙佩健，吴丹婷. 物流系统建模与仿真实用教程［M］. 北京：机械工业出版社，2020.

[2] 马向国，梁艳. 现代物流系统建模、仿真及应用［M］. 北京：机械工业出版社，2017.

[3] 鲁晓春，黄帝. 物流系统建模与仿真［M］. 北京：机械工业出版社，2018.

[4] 孙成卫，王家彬. 基于 Flexsim 的后纺车间棉纱生产及入库系统建模研究［J］. 现代信息科技，2023，7（6）：172－175.

[5] 孙成卫，孙文韬. 基于 Flexsim 的棉纺企业原棉库作业仿真研究［J］. 现代信息科技，2022，6（22）：140－144.

[6] 孙成卫，张燕茹. 基于 Flexsim 的自动化立体仓库仿真研究［J］. 现代信息科技，2021，5（21）：155－158.